AF367845

LE

NOUVEAU CODE DES JEUX.

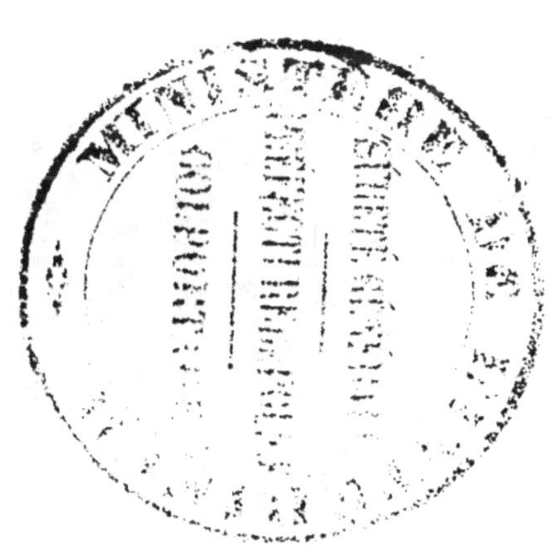

LE NOUVEAU

CODE DES JEUX

ACADÉMIE MODERNE

ET COMPLÈTE,

Contenant toutes les règles des jeux usités dans les diverses classes de la société ; règles entièrement révisées par les plus célèbres amateurs d'aujourd'hui, et mises, par une rédaction claire et précise, à la portée de tout le monde.

PARIS,

A LA LIBRAIRIE POPULAIRE

DES VILLES ET DES CAMPAGNES.

1854

LE
NOUVEAU CODE DES JEUX.

LE BILLARD.

Les principales parties que l'on joue au billard sont : *la partie à suivre et au même, le doublet, la partie russe, la poule*, et *le carambolage seul*. On fait aussi maintenant des billards sans blouses, sur lesquels on ne joue que *le carambolage*.

Avant de parler des règles particulières à chacune de ces parties, nous donnerons les règles générales, c'est-à-dire celles qui s'appliquent à toutes les parties quelles qu'elles soient.

RÈGLES GÉNÉRALES.

1. Toutes les fois qu'on a la bille en main, on ne peut jouer étant en dehors du billard, c'est-à-dire que les pieds et le corps du joueur doivent être en dedans des grandes bandes.

2. Dans quelque position que se trouvent

les billes, on ne peut jouer sans avoir au moins un pied sur le sol.

3. Dès que l'on a visé le coup, on ne peut lâcher la queue des deux mains.

4. Qui touche sa bille en ajustant perd un point, et s'il donne un second coup à la bille, les points qui en résultent ne comptent point, et si par le second coup le joueur se perd, l'adversaire compte les points de la perte.

5. Le joueur qui bâtonne sa bille, c'est-à-dire qui, après l'avoir frappée, y touche de nouveau avec la queue, perd trois points et prend sa bille en main, ou bien il ne perd qu'un point et la bille reste où elle se trouve; cela est au choix de l'adversaire.

6. Le joueur qui *billarde,* c'est-à-dire qui pousse deux billes voisines du même coup de queue sans qu'il y ait eu choc bien distinct entre ces deux billes, perd un point.

7. Le joueur qui, se disposant à jouer, touche à une bille avec sa queue, ou quelque partie de son corps ou de ses vêtements, perd un point, et les points qu'il ferait de ce coup ne comptent pas.

8. Le joueur qui arrête sa bille perd deux points, ou bien l'adversaire peut l'obliger à coller cette bille, c'est-à-dire à la placer contre la bande, ce qui est la position la plus défavorable. L'adversaire a le choix entre ces deux positions.

Si c'est l'adversaire qui arrête une bille

roulante, le joueur compte cette bille comme s'il l'avait faite, à moins qu'il ne se perde sur le coup, et la bille arrêtée est en main si c'est une blanche, sur la mouche si c'est une bille de couleur.

9. Le joueur qui manque de touche et se perd du même coup, perd trois points. Le manque de touche seul fait perdre un point.

10. Lorsqu'un joueur fait sauter la bille hors du billard, il perd autant de points que s'il s'était perdu ; s'il fait sauter hors du billard une bille autre que la sienne, il ne perd ni gagne rien : la bille se remet en place, si c'est une rouge ; elle est en main si c'est une blanche.

11. Le joueur qui joue une autre bille que la sienne ne peut compter les points faits de ce coup, et l'adversaire a le droit de choisir entre les deux billes celle qu'il lui plaît.

12. En aucun cas on ne peut prendre des points et en faire prendre à son adversaire du même coup ; c'est-à-dire que si la faute du joueur vaut un ou plusieurs points à l'adversaire, le joueur ne peut compter les points qu'il a faits de ce coup.

13. Dans les parties où l'on donne l'acquit, le joueur qui se perd en le donnant ne perd rien ; mais sa bille est placée à la mouche de pénitence. Il en est de même s'il touche deux fois sa bille en donnant l'acquit.

14. Il en est des billes qui sautent sur la

bande et y restent comme si elles avaient sauté hors du billard. La bille qui après avoir sauté sur la bande retombe sur le billard est bonne.

15. Lorsqu'une bille, après s'être bien précisément arrêtée sur le bord d'une blouse, tombe dans cette blouse. on la replace sur le bord où elle s'était arrêtée. Si elle tombe de la sorte pendant qu'une autre bille roule, et que cette dernière vienne s'arrêter sur le bord de la même blouse, on les place le plus près l'une de l'autre sans qu'elles se touchent.

16. La bille qui s'arrête tellement juste sur la ligne du quartier qu'elle n'est pas plus dehors que dedans, est réputée dehors.

PARTIE A SUIVRE.

1. Cette partie se joue avec trois billes, deux blanches et une rouge, et en vingt-quatre points, à moins de conventions contraires.

2. Pour voir qui jouera le premier, les deux adversaires poussent chacun leur bille sur la bande du haut, de manière à ce qu'elle revienne le plus près possible de la bande du bas ; celui dont la bille s'arrête le plus près de cette dernière bande, joue ou fait jouer son adversaire le premier, à son choix.

3. Le joueur qui fait (qui blouse) une

blanche gagne deux points, pour une rouge trois points, pour un carambolage deux points; s'il se perd, il perd autant de points qu'il en eût gagné.

4. La bille rouge faite se replace sur la mouche; la bille blanche, faite ou perdue, est en main.

5. Le joueur qui a sa bille en main doit, pour la jouer, la placer sur la mouche du bas ou à une distance de six pouces au plus de cette mouche, et en dedans.

6. Si, lorsque la bille rouge est faite, une autre bille se trouve arrêtée sur la mouche du haut, la rouge alors se place sur la mouche du bas; si celle-ci est occupée ou qu'il y ait une bille en main, on place la rouge sur la mouche du milieu, et on la remet à sa place ordinaire lorsque celle-ci est libre avant que la bille rouge ait été touchée.

7. Lorsqu'un joueur a sa bille en main et que les deux autres sont dans le quartier, il faut que la bille en main aille frapper la bande de haut avant de toucher les billes rentrées. C'est ce qu'on appelle le coup de bas.

8. Le joueur qui fait des points continue à jouer jusqu'à ce qu'il cesse d'en faire, de sorte qu'il peut avoir gagné la partie avant que son adversaire ait donné un coup de queue.

(Voyez pour tout le reste les *règles générales*.)

1*

PARTIE DU DOUBLET.

Cette partie se joue en seize ou vingt points. Elle ne diffère de la partie à suivre qu'en ce que, pour faire et compter la bille sur laquelle on joue, il faut lui faire d'abord toucher une bande. La bille faite au coup dur est bonne. Lorsqu'une bille est placée contre une bande, et que la bille du joueur vient la frapper en plein, il en résulte un double choc ; c'est ce que l'on appelle *coup dur*.

Les billes faites au même ne comptent point : la rouge se remet sur la mouche, la blanche est en main.

PARTIE RUSSE.

1. La partie russe se joue avec cinq billes : deux blanches, une rouge, une bleue et une jaune.

2. La bille rouge se place sur la mouche du haut, la bleue sur la mouche du bas, la jaune sur la mouche du milieu.

3. Les blanches comptent deux points, n'importe à quelle blouse on les fait ; la rouge compte trois points, et ne peut se faire qu'aux blouses des quatre coins ; la bleue compte quatre points, et ne peut également se faire qu'aux blouses des coins ; la jaune compte

six points , et elle ne peut être faite qu'aux blouses du milieu.

4. Toute bille faite à une blouse qui lui est interdite fait perdre autant de points au joueur, qu'il en eût gagné en la faisant à la blouse convenable.

5. Le joueur qui joue le premier, donne son acquit en poussant sa bille vers la bande du haut ; la bille ne doit toucher aucune autre bille ; toute bille touchée dans ce cas fait perdre un point. Les billes touchées restent où elles se trouvent ; si elles vont dans une blouse, on les remet à leur place.

6. Le second à jouer doit toucher la bille de son adversaire avant d'en toucher aucune autre ; s'il en touche d'autres, il perd un point pour chaque bille touchée.

7. S'il arrive que pendant qu'une bille de couleur tombe dans la blouse, une autre bille s'arrête à sa place, on la met sur celle des autres mouches dont le joueur est le plus éloigné, et on la remet ensuite à sa place ordinaire si cette dernière devient libre avant que la bille ait été touchée.

Les autres règles de la partie russe sont en tout semblables à celles de la partie à suivre.

LA POULE.

1. Le garçon de billard ayant délivré à chacun des joueurs, dont le nombre est in-

déterminé, un numéro pris au hasard dans un panier, et annoncé en combien de marques on mourra, le n° 1 donne son acquit le n° 2 joue avec la seconde bille sur la bille du n° 1 ; puis tous les joueurs jouent successivement et toujours avec la bille qui a reçu le coup.

2. Quand un joueur fait une bille, le joueur qui l'a précédé prend une marque.

3. Le joueur qui se perd prend une marque, et il en est de même s'il manque de touche ; mais en aucun cas on ne peut prendre plus d'une marque sur un coup.

4. A chaque marque prise, les billes sont relevées et le joueur suivant donne son acquit.

5. Quand il ne reste plus que deux joueurs, celui qui prend la marque donne son acquit.

6. Un joueur, bien que ce ne soit pas à son tour de jouer, peut cependant jouer à la place de celui dont c'est le tour, en déclarant qu'il *prend à faire* ; mais alors, s'il ne fait pas bille, il est marqué. Si le joueur à qui c'est le tour déclare qu'il prend lui-même à faire, rien ne peut l'empêcher de jouer son coup.

7. Celui qui joue avant son tour sans avoir dit qu'il prend à faire, est marqué.

8. Lorsque plusieurs joueurs se présentent pour prendre à faire, la préférence appartient à celui qui a parlé le premier.

9. Le joueur qui joue sur acquit se place où bon lui semble sur la largeur du billard, pourvu que ce soit sur la ligne du quartier.

10. Tous les joueurs étant morts successivement à l'exception d'un, la somme résultant de la mise de chacun lui appartient, sauf les frais du billard prélevés par le garçon.

11. Lorsqu'il ne reste plus que deux joueurs, il peuvent remettre la marque deux fois, si l'on meurt en une marque; une seule fois, si l'on meurt en deux.

12. Un joueur peut vendre sa bille à un autre joueur qui a fait partie de la poule et qui est mort; mais il ne peut la vendre à quiconque n'en aurait point fait partie.

13. Il arrive souvent qu'un des deux derniers joueurs restant sauve la mise à plusieurs des joueurs morts, c'est-à-dire qu'il convient, s'il gagne la poule, de donner à chacun le prix d'une mise, èt que, s'il la perd, chacun lui donnera ce même prix; mais dans aucun cas le joueur ne peut sauver une somme qui excéderait la moitié de la poule, car autrement il aurait intérêt à laisser gagner son adversaire.

14. Si une faute passait inaperçue du marqueur, tout joueur faisant partie de la poule a le droit de faire marquer celui qui l'a commise; mais ce droit n'appartient pas aux simples spectateurs.

LE CARAMBOLAGE SEUL.

C'est la *partie à suivre*, mais pour le carambolage seulement, puisqu'elle se joue sur un billard sans blouses. On peut pourtant jouer cette partie sur un billard ayant des blouses ; mais alors les billes faites ne comptent point : la rouge faite se place sur la mouche ; la blanche faite est en main. Celui qui fait bille et carambole en même temps continue à jouer ; mais celui qui fait bille seulement laisse jouer immédiatement son adversaire, la bille faite ne comptant point.

LES ÉCHECS.

Tout le monde sait qu'un échiquier est une sorte de table carrée, divisée en cases également carrées, et alternativement noires et blanches. Ces cases sont au nombre de soixante-quatre. Chacun des deux joueurs fait manœuvrer sur ces cases seize pièces, savoir : un roi, une dame, deux fous, deux cavaliers, deux tours et huit pions. Les pièces d'un joueur sont blanches, celles de l'autre sont noires.

Ces pièces se placent ainsi : sur la première rangée de cases, une tour sur chaque coin, un cavalier à côté de chaque tour, un fou à côté de chaque cavalier. Restent deux cases, une blanche et une noire : si l'on a les pièces noires, le roi se place sur la case blanche et la dame sur la noire ; c'est le contraire si l'on a les pièces blanches. Les pions se placent sur la seconde ligne.

Les pions peuvent être avancés de deux cases en jouant le premier coup ; mais ensuite ils ne peuvent faire qu'un pas à la fois, et il leur est interdit de reculer ; il doit toujours avancer sur la même ligne vers l'adversaire. Le roi ne peut également faire qu'un pas ; mais il le peut faire en tous sens. La dame se meut dans tous les sens et peut parcourir l'échiquier d'une extrémité à l'autre, pourvu que la ligne soit libre. Les fous ne peuvent jamais quitter la ligne sur laquelle ils sont placés, ligne diagonale formée par des cases de même couleur ; mais ils peuvent d'un coup parcourir toute cette ligne si elle est libre. Les cavaliers ont une marche oblique ; ils passent ainsi pardessus deux cases, marchant d'une noire à une blanche ou d'une blanche à une noire.

Les tours, dans leur marche, ne suivent que des lignes droites, perpendiculaires ou horizontales. Elles peuvent parcourir ces lignes dans toute leur étendue, si le chemin est libre.

Quand un roi et une tour n'ont pas encore été joués, et que l'espace entre eux est libre, le joueur peut porter le roi à la place de la tour et mettre celle-ci à côté de la case qu'occupait le roi ; c'est ce qu'on appelle *roquer*.

Nous ne pouvons ici qu'indiquer la marche des pièces, ce jeu ne pouvant s'enseigner que par la démonstration pratique. Mais nous allons en donner les règles précises, règles dues à M. de Labourdonnais, le plus savant joueur d'échecs moderne.

RÈGLES.

1. Les joueurs doivent avoir à droite la case angulaire blanche de l'échiquier. Si l'échiquier est mal posé, celui des deux qui s'en apercevra, avant de jouer son quatrième coup, pourra exiger qu'on recommence la partie ; mais, ce quatrième coup joué des deux parts, la partie sera engagée, et ne pourra être recommencée.

2. Si les pièces sont mal rangées, celui qui s'en apercevra pourra rectifier, ou faire rectifier cette irrégularité avant de jouer son quatrième coup. Mais, ce coup une fois joué de part et d'autre, il faudra continuer la partie dans la position où se trouveront les pièces.

3. Si l'on a oublié un pion ou une pièce en commençant la partie, il sera au choix de l'adversaire de la recommencer ou de la continuer en laissant remettre la pièce oubliée.

4. Si on est convenu de faire avantage d'un pion ou d'une pièce, et qu'on ait oublié de le faire en commençant, il sera au choix de celui au préjudice duquel cet oubli aura été fait de continuer la partie ou de la recommencer.

5. Dans les parties à but, le *trait* se tire d'abord au sort, et devient ensuite alternatif, quand même les parties seraient remises. Le

trait appartient à celui qui fait avantage d'une pièce.

6. En cas de difficulté sur la couleur, que la partie se fasse à but ou à avantage, le choix de la couleur sera tiré au sort pour toute la séance.

7. Lorsqu'on fait avantage d'un pion, on doit donner celui du fou du roi. Celui qui reçoit avantage de plusieurs traits, ne peut en user qu'à condition de ne pas dépasser son terrain, c'est-à-dire la moitié de l'échiquier.

8. Quand on a touché une pièce, on est obligé de la jouer, à moins qu'on n'ait dit préalablement : *j'adoube*. Il faut même avoir dit ce mot pour replacer une pièce qui se serait dérangée sur l'échiquier.

9. Quand on a quitté sa pièce, on ne pêut plus la reprendre pour la jouer ailleurs ; mais tant qu'elle n'est pas abandonnée, on est maître de la poser où l'on veut.

10. Quand on a touché une pièce de l'adversaire sans dire : *j'adoube*, il peut vous obliger de la prendre, si c'est à vous de jouer. Si cette pièce ne peut être prise, celui qui l'aura touchée jouera son roi, pouvant le faire ; et s'il ne le peut, la faute sera sans conséquence.

11. Si, par erreur, vous aviez joué une des pièces de l'adversaire au lieu d'une des vôtres, vous pouvez, au choix de celui-ci, être forcé, soit de prendre la pièce, si elle peut être

prise, soit de la remettre à sa place et de jouer votre roi, soit enfin de la laisser à la case où vous l'aviez jouée par inadvertance. En ceci, comme en tout autre cas semblable, si le roi ne pouvait jouer sans être en échec, cette partie de la peine ne serait pas applicable.

12. Dans le cas où, par suite d'une erreur, vous seriez obligé de jouer votre roi, la faculté de roquer vous est retirée.

13. Lorsqu'un joueur prend une pièce avec une de ses pièces qui n'est pas placée de manière à pouvoir la prendre, l'adversaire peut, à son choix, exiger que la pièce soit prise avec une autre, si cela se peut, ou bien obliger le joueur à jouer la pièce touchée.

14. Si vous avez pris votre propre pièce avec une des vôtres, l'adversaire pourra vous prescrire de jouer celle des deux pièces touchées qu'il jugera à propos.

15. Lorsqu'un joueur fait faire une fausse marche à une pièce, l'adversaire peut l'obliner à la remettre en place et à jouer le roi, ou bien on exige que la pièce soit jouée régulièrement, ou bien encore exiger qu'elle reste où l'on vient de la placer par fausse marche.

16. Lorsqu'un joueur joue deux coups de suite, l'adversaire peut lui faire remettre le second ou les tenir tous deux comme bons, à son choix.

17. Chaque pion a le privilége d'ävancer de deux cases la première fois qu'on le joue; mais en ce cas il peut être immédiatement pris en passant par tout pion qui serait à portée de le prendre, s'il n'eût été poussé qu'un pas.

Le roi, en roquant, ne doit sauter que deux cases, c'est-à-dire que la tour avec laquelle il roque, se mettra sur la case attenant immédiatement au roi, et celui-ci, sautant pardessus, se placera de l'autre côté de la tour.

Le roi ne peut pas roquer étant en échec, ni lorsqu'il a remué, ni lorsqu'il essuierait un échec en passant, ni avec une tour qui aurait remué de sa place ; et si dans un de ces quatre cas on jouait le roi et la tour pour roquer, l'adversaire a le choix de faire jouer le roi ou la tour.

Celui qui fait avantage d'une tour, peut également roquer du côté où manque cette tour, en disant : *je roque.*

18. Quand on conduit un pion à dame, on prend pour ce pion telle pièce qu'on veut.

19. Si l'on touche une pièce qui peut être jouée, l'adversaire peut obliger de jouer le roi ; mais si le roi ne peut être joué sans être en échec, le joueur peut jouer une autre pièce.

20. Toutes les fois qu'on fait échec au roi, il faut en avertir. L'adversaire qui n'aurait pas été averti par ces mots : *échec au roi*, ou

seulement : *au roi*, et qui jouerait de manière à laisser son roi en échec, rejoue son coup pour couvrir l'échec.

21. Si, depuis plusieurs coups, le roi est en échec, sans qu'on l'ait vu, et qu'il soit impossible de vérifier si on lui a donné échec ou s'il s'est mis en échec lui même, le joueur dont le roi est en échec peut, lorsqu'il s'en aperçoit, ou qu'il en est averti, remettre à sa place la dernière pièce qu'il a jouée et défendre l'échec.

22. Si l'adversaire vous déclare échec au roi, sans pourtant vous donner échec, dans ce cas, si vous touchez le roi, ou toute autre pièce, pour défendre l'échec, et que vous reconnaissiez que le roi n'est pas échec, vous pourrez rejouer votre coup avant que l'adversaire ait joué le sien.

23. Mais vous ne serez plus à temps d'y revenir, si l'adversaire a joué son coup : en général, toute irrégularité sera couverte du moment que celui qui l'aura commise aura joué ou touché une pièce pour jouer le coup suivant.

24. Lorsqu'on n'a rien à jouer, et que le roi, étant hors d'échec, ne peut bouger sans s'y mettre, le roi est *pat*, et la partie est remise.

25. Lorsqu'un joueur ne paraît pas pouvoir faire les mats difficiles, tels que celui du cavalier et du fou contre le roi, celui de la

tour et du fou contre la tour, celui de la dame contre la tour; alors, sur la réquisition de l'adversaire, on fixera à soixante coups de chaque côté la fin de la partie; lesquels coups passés, elle sera censée remise.

26. Les coups douteux qui n'auraient pas été prévus par ces règles, seront jugés en dernier ressort par les spectateurs.

(Extrait du traité des échecs par M. de Labourdonnais.)

Ces règles sont adoptées maintenant dans toute l'Europe, à cause de leur clarté, de leur précision; cette clarté toutefois ne brille qu'aux yeux des amateurs; elles sont les lois du jeu, mais elles n'enseignent pas à jouer. La théorie est tout-à-fait insuffisante pour apprendre à bien jouer aux échecs, et c'est par la pratique seule qu'on peut devenir fort à ce jeu qui est presque une science.

LES DAMES.

Un damier est une table tout à fait semblable à un échiquier, avec cette différence que le nombre des cases y est de cent au lieu de soixante-quatre. Les pièces destinées à manœuvrer sur cette table sont des rondelles d'ébène et d'ivoire ; il y en a vingt blanches et vingt noires. Chacun ayant rangé ses pions sur les cases blanches, à partir de la première ligne horizontale, près de la bande, il se trouve deux rangs de cases au milieu de la table. C'est en poussant les pions sur ces lignes, que la partie s'engage.

RÈGLES.

1. Les pions marchent en avant, en faisant un pas à droite ou à gauche ; mais lorsqu'un pion a à prendre plusieurs pions de l'adversaire, il peut avancer tant qu'il a à prendre, et même marcher en arrière.

2. Un pion est en prise toutes les fois qu'il a devant lui un pion ennemi, et derrière lui une case blanche vide, sur laquelle, en le

prenant, l'ennemi vient se placer. S'il se trouve ainsi successivement plusieurs pions en prise, celui qui prend ne s'arrête que lorsqu'il n'a plus rien à prendre ; mais, dans cette marche, il ne peut pas repasser par les cases qu'il a dégarnies de leurs pions en passant, et, pour qu'il n'y ait pas d'erreur, le joueur ne doit enlever ses prises qu'après avoir posé son pion.

3. Si un joueur, ayant à prendre, ne prend pas, l'adversaire a le droit de le *souffler*, c'est-à-dire de saisir le pion qui n'a pas fait son office ; mais s'il trouve plus avantageux d'obliger le joueur à prendre, il le peut faire, un joueur ne pouvant refuser de prendre sous peine de perdre la partie. On peut également souffler le pion qui prend moins qu'il n'a à prendre, ou qui, ayant marqué ses prises, ne les enlève pas toutes.

4. Souffler n'est pas jouer, et l'adversaire qui vient de souffler le pion en faute ne laisse pas de jouer son coup.

5. Si le joueur qui est en droit de souffler aime mieux forcer son adversaire à prendre, il faut qu'il s'abstienne de toucher au pion en faute ; s'il le touche, ce pion est censé soufflé : il n'y a plus à y revenir.

6. En général, dès qu'on a touché un pion, on est tenu de le jouer, à moins qu'il ne puisse l'être ; on est encore dispensé de le jouer lorsqu'en y touchant on dit : *j'adoube*

7. Lorsqu'un joueur, ayant à prendre, touche un autre pion que celui avec lequel il doit prendre, l'adversaire peut souffler ce dernier, et forcer en outre le joueur à jouer le pion qu'il a touché.

8. Dès que le joueur qui était en droit de souffler a joué, il ne peut plus souffler; la faute est couverte; mais si le pion qui était en prise est resté dans cette position, et qu'au second coup on ne le prenne point, ce joueur rentre dans son droit et peut souffler.

9. Le joueur qui a à prendre de deux côtés, et qui prend du côté le plus faible, peut être soufflé.

10. Lorsqu'un joueur parvient à pousser un de ses pions jusqu'à la première ligne de son adversaire, ce pion est damé; on le surmonte d'un autre pion de même couleur, et dès lors il peut faire d'un coup autant de chemin que l'on veut, et aller d'une extrémité à l'autre du damier s'il n'y trouve pas d'obstacle. Cette dame peut aussi prendre à toute distance, pourvu que derrière la pièce qu'elle prend il se trouve une case vide; mais elle n'est pas, comme le pion, tenue de s'arrêter à cette case.

11. Lorsqu'un joueur a à prendre d'un côté un pion et de l'autre une dame, il doit prendre cette dernière sous peine d'être soufflé; mais s'il avait à prendre d'un côté

deux dames et de l'autre trois pions, il devrait prendre les pions, le nombre ici l'emportant sur la qualité.

12. Le pion qui, ainsi qu'il est dit à l'article 10, est arrivé à la première ligne de la partie adverse, est damé ; mais il faut, pour cela, qu'il puisse s'arrêter sur cette ligne ; s'il avait à prendre en arrière, il serait obligé de le faire, et ne serait point damé.

13. Lorsque, à la fin d'une partie, un des joueurs n'a qu'une dame, placée sur la grande ligne, si l'autre n'a que deux dames ou même trois, la partie est forcément remise. Si celui qui a trois dames persiste à continuer à jouer, il lui est accordé quinze coups, après lesquels la partie est remise. Si l'un des joueurs n'ayant qu'une seule dame était plus faible que l'autre, et qu'il eût été convenu entre eux que partie remise équivaudrait à partie gagnée pour le faible, le plus fort ayant trois dames pourrait exiger vingt coups, et si après ces vingt coups joués les choses sont demeurées dans le même état, il a perdu.

14. Quand, à la fin d'une partie, un joueur a une dame et deux pions, et que l'autre, n'ayant qu'une dame, offre de damer les pions sans attendre qu'ils aient été poussés à dame, celui à qui appartient ces pions ne peut le refuser.

15. Si un joueur, plus fort que son ad-

versaire, rend un demi-pion à ce dernier, il faut nécessairement que l'on joue deux parties ; trois, si l'on rend un tiers de pion ; quatre, si l'on n'en rend que le quart.

Il en est du jeu de dames comme de celui des échecs ; bien qu'il soit moins savant que ce dernier, le traité le plus clair, le lus complet ne saurait enseigner à y bien jouer, but qu'on ne peut atteindre que par la pratique jointe à la réflexion ; il existe pourtant des traités dont les auteurs ont la prétention d'enseigner des marches sûres, des combinaisons toutes faites ; mais pour que le résultat soit tel qu'ils l'indiquent, il faut que l'adversaire joue comme on l'a prévu ; qu'il joue autrement, la combinaison est renversée. Donc, les meilleurs traités sont de peu d'utilité et ne peuvent en aucun cas suppléer à la pratique et à l'intelligence. Jouer souvent, lentement ; ne jamais pousser un pion ou une dame sans savoir pourquoi, voilà en quoi consiste la meilleure méthode.

LE DOMINO.

Les principales parties qui se jouent au domino, sont : la *partie à deux, au cent;* la *partie à quatre, chacun pour soi;* la *poule;* la *partie à quatre, deux contre deux.* Avant de parler de la marche de chacune de ces parties, nous donnerons les règles générales qui s'appliquent à toutes.

REGLES.

1. Le joueur qui joue ayant un dé de moins que le nombre convenu perd la partie. Celui qui a pris plus de dés qu'il n'en devait prendre doit les garder ; c'est la punition. Cependant, si l'on jouait à quatre, celui qui aurait pris un dé de moins pourrait le reprendre au talon, attendu que le nombre des dés du talon est trop petit pour qu'on puisse supposer qu'il ait voulu tromper.

2. Celui qui a la pose, c'est-à-dire qui doit poser le premier, doit mêler les dés et ne prendre le nombre qui lui est nécessaire

que lorsque son ou ses adversaires ont pris ce qui leur faut. Tous les joueurs peuvent indistinctement mêler les dés ; mais c'est à celui qui a la pose qu'il appartient de les mêler le dernier.

3. Si, en prenant ses dés, un joueur en retourne un ou plusieurs, on remêle ; mais s'il ne les retourne qu'après les avoir pris, il les garde, et on ne refait pas.

4. Lorsqu'un dé joué est couvert par un autre, il ne peut être relevé, alors même qu'il ne s'adapterait pas à celui sur lequel il a été joué.

5. Si, par erreur, un joueur place un dé sur un bout du jeu où il ne s'adapte pas, tandis qu'il peut s'adapter à l'autre bout, le joueur qui s'en aperçoit peut mettre le dé où il doit être.

6. Lorsque, avant de jouer, un joueur annonce un dé, il ne peut en jouer un autre, à moins qu'il n'ait pas du point annoncé ; mais alors il doit montrer son jeu.

7. Si un joueur, pouvant jouer, dit qu'il boude, et que dans le cours du même coup il joue un dé du chiffre sur lequel il avait boudé, il perd la partie. Mais si après avoir dit qu'il boudait, il s'aperçoit de son erreur avant qu'un autre joueur ait placé son dé, il est reçu à jouer.

8. Lorsqu'en prenant les dés après qu'ils sont mêlés, on en attire à soi plus qu'on

n'en doit prendre, on ne peut reposer ceux qui sont de trop ; il faut que ce soit la partie adverse qui les retire et les mette au talon ; et si celui qui les a pris en avait seulement vu un, il serait obligé de garder le tout.

9. Si, lorsqu'on joue deux contre deux, un joueur commettait une erreur en jouant un dé qui ne s'adapte pas, et qu'il le reprît aussitôt pour en poser un autre, les adversaires pourraient empêcher que le partenaire de celui qui a commis cette erreur ouvrît le dé ainsi montré, à moins pourtant que ce fût un dé forcé, car on ne pourrait l'obliger à bouder.

10. Un joueur, dans la partie deux contre deux, n'est pas passible des fautes de son partenaire ; mais si la faute de ce dernier ne peut lui rien faire perdre, elle l'empêche de gagner.

11. En cas d'égalité de points, lorsque le jeu est fermé, le joueur le plus près de la droite du poseur gagne. A deux, en cas d'égalité, le coup est nul.

12. Un joueur, dans le cours du coup, ne peut exiger qu'on lui dise quel est le dé qui a été posé le premier, ni quel est le joueur qui l'a posé.

13. Si, par erreur ou autrement, un joueur, par une énonciation fausse, fait abattre le jeu de son adversaire, ce dernier, quel que soit le nombre des dés qui lui restent, peut exiger

qu'on remêle et que le coup soit recommencé.

14. Un joueur ne doit pas demander de conseils pour jouer ; mais s'il arrivait qu'un spectateur donnât inconsidérément un conseil qu'on ne lui aurait pas demandé, cela ne pourrait empêcher le joueur de jouer le dé désigné par le conseiller indiscret.

PARTIE A DEUX.

Après avoir tiré au plus haut dé à qui posera le premier, on mêle les dés, et chacun en prend sept. Celui qui a la pose joue, et chacun des deux adversaires continue à jouer successivement, jusqu'à ce que l'un des deux pose son dernier dé, ce qu'on appelle *faire domino* ; l'autre alors montre les dés qui lui restent, et celui qui fait domino en marque les points.

Mais il arrive souvent que ce jeu se trouve fermé, et que ni l'un ni l'autre ne peut faire domino. Alors chacun abat son jeu, et celui qui a le moins de points marque les points de son adversaire.

La partie se joue le plus ordinairement en cent points. Chacun pose à son tour ; mais après une partie, c'est à celui qui la perd de poser, bien que ce ne soit pas son tour.

Le talent du joueur consiste, lorsqu'il a un jeu peu chargé de points, à calculer les chances de manière à fermer le jeu le plus tôt possible, afin de prendre un grand nombre de points.

On peut jouer cette partie au coup, c'est-à-dire qu'à chaque coup celui qui fait domino marque un point ; il le marque aussi lorsque, le jeu étant fermé, il a moins de points dans ses dés qu'il n'y en a dans ceux de son adversaire. Cette partie se joue en dix ou quinze points.

PARTIE A QUATRE, CHACUN POUR SOI.

Chacun des joueurs ayant fait sa mise prend six dés. La pose se tire comme il est dit ci-dessus ; puis chacun joue à son tour. Celui qui fait domino, ou qui, en cas de fermeture du jeu, a le moins de points, retire une mise de la masse, et l'on continue à jouer jusqu'à ce que toutes les mises soient gagnées.

LA POULE.

Cette partie peut se jouer à trois, à quatre et même à cinq. A trois, on prend chacun sept ; à quatre, chacun six ; à cinq, chacun cinq.

La marche du jeu est la même qu'à la partie précédente. Chaque joueur fait une mise égale. Celui qui fait domino réunit les points des autres et il en marque le total. En cas de fermeture du jeu, c'est celui qui a le moins de points qui marque à son profit tous les points des autres. Celui qui a le premier marqué cent points gagne la poule, c'est-à-dire le total des mises.

PARTIE A DEUX CONTRE DEUX.

C'est toujours la même marche que pour les parties précédentes. Les partenaires doivent, autant que possible, se favoriser réciproquement; car si l'un fait domino, cela profite à tous deux. En cas de fermeture du jeu, les partenaires réunissent leurs dés, et les deux partenaires qui ont le moins de points marquent le total des points de leurs adversaires.

Nota. — Les règles générales que nous donnons en tête de cet article, s'appliquent, ainsi que nous l'avons dit, à toutes les parties.

LES DÉS.

PARTIE ORDINAIRE, OU POULE.

Rien n'est plus simple que ce jeu ; trois dés et un cornet composent tout le matériel nécessaire ; le nombre des joueurs n'est pas limité. Chacun jette les dés à son tour après les avoir agités dans le cornet, et celui des joueurs qui amène le plus haut point gagne la poule, c'est-à-dire le total résultant de la mise de chacun. Mais il faut, pour que le point qu'on amène puisse compter, que deux des dés jetés amènent le même chiffre. Si on amène trois chiffres différents, on recommence jusqu'à ce qu'il en vienne au moins deux semblables.

Les rafles l'emportent sur le plus haut point qu'on puisse amener par deux chiffres semblables et un différent ; ainsi trois as l'emportent sur le point de dix-sept, trois deux l'emportent sur trois as, et ainsi de suite. Si plusieurs joueurs ont amené le même point, et que ce point soit le plus élevé, celui qui l'a amené le premier est le gagnant.

PARTIE DU PASSE-DIX.

Cette partie se joue entre un banquier et ues pontes ; c'est-à-dire que, quel que soit le nombre des joueurs, tous jouent contre celui qui tient les trois dés.

Chacun ayant placé sur la table ce qu'il veut jouer sur un coup, celui qui tient les dés couvre chaque mise d'une somme égale, puis il jette les dés. Si le nombre amené est au-dessus de dix, il gagne ; s'il est inférieur à onze, il perd.

Tant que celui qui tient les dés passe, il reste banquier ; mais dès qu'il amène un point inférieur à onze, il cède les dés à son voisin de droite, et ainsi de suite.

On joue encore cette partie d'une autre manière : sur le tapis de la table à droite du banquier est écrit le mot *passe*, à gauche le mot *manque*. Chaque joueur place la somme qui lui convient sur une de ces deux chances, puis le banquier jette les dés ; s'il amène moins de onze, il ramasse l'argent déposé sur la passe, et il double les mises déposées sur la manque ; s'il amène plus de dix, il ramasse l'argent placé sur la manque et double les mises placées sur la passe.

Il y a cependant deux exceptions : 1° si le

banquier amène dix-sept, il ramasse l'argent de la manque, et il ne paye pas les mises de la passe; 2° s'il amène quatre, il gagne l'argent de la passe, et il ne paye pas les mises de la manque. C'est un avantage considérable quand le banquier est inamovible; mais quand chacun des joueurs est banquier à son tour, l'égalité se rétablit.

PARTIE DE LA RAFLE.

Cette partie se joue avec deux dés; les raflés sont deux chiffres semblables. On convient, par exemple, que la rafle d'as sera payée deux jetons par chaque joueur à celui qui l'amènera, et l'on fixe ainsi le prix de chacune des six rafles; puis chacun jette les dés à son tour. Celui qui amène rafle est payé le prix convenu; celui qui amène deux chiffres différents ne reçoit rien. Cette partie n'a point de limites, et chacun se retire quand il le veut.

LE PIQUET.

Le piquet peut se jouer à deux, ou à trois, ou même à quatre personnes ; mais le plus ordinairement on le joue à deux. Le jeu doit être composé de trente-deux cartes. L'as est la plus forte des cartes ; viennent ensuite roi, dame, valet, etc., jusqu'au sept inclusivement. Quand il s'agit de compter les points, l'as vaut onze ; le roi, la dame, le valet, le dix, chacun dix ; les autres cartes valent les points dont elles portent le nom.

La main se tire en coupant le jeu et en montrant la carte de dessous la coupe ; celui qui a la plus forte carte commande, c'est-à-dire qu'il peut donner le premier ou faire donner son adversaire, et c'est toujours ce parti qu'il prend, attendu qu'il y a un grand avantage à être premier à jouer.

Les cartes sont battues. Le donneur en donne douze à son adversaire et autant à lui-même, successivement, et deux par deux ou trois par trois.

Chacun ayant vu ses cartes, le premier à jouer en écarte cinq, pour en prendre cinq des huit restées au talon ; ensuite le second en écarte trois, pour prendre les trois dernières. Le premier peut, s'il le veut, écarter et prendre moins de cinq cartes ; mais il faut qu'il en écarte et qu'il en prenne au moins une. Dans ce cas, le second peut prendre les cartes laissées par le premier, et que celui-ci a le droit de regarder, et il faut même, dans le cas où il ne prendrait pas tout ce qui reste au talon, qu'il prenne les cartes laissées avant celles qui lui étaient destinées. De même que le premier, il faut, dans tous les cas, qu'il écarte et qu'il prenne au moins une carte ; il peut voir celles qu'il laisse ; le premier peut aussi voir les cartes laissées par le dernier, mais il faut qu'il dise quelle est la couleur qu'il commencera à jouer.

Avant d'écarter, le joueur qui n'a pas de figures dans son jeu doit annoncer *cartes blanches* et les montrer, cela lui vaut dix points ; de sorte que, quoi qu'il arrive, il ne peut être *fait pic* ou *repic*. (Ces deux mots seront expliqués plus loin.)

Ces préliminaires étant terminés, le premier à jouer annonce son point. Le point est nombre de cartes d'une même couleur que l'on a dans son jeu et dont on assemble les points pour en accuser le total. Si l'adversaire n'en a pas autant, il dit qu'il est bon ; et s'il en a autant, il dit qu'il est égal ; et s'il en a plus, il dit qu'il ne vaut pas ; enfin, qu'il soit bon ou non, celui qui a le point le plus fort compte pour ledit point autant de points qu'il a de cartes, à moins que, par exemple, ayant six cartes de point, elles ne fissent que cinquante-quatre, auquel cas les six cartes ne doivent être comptées que cinq; au lieu que s'il y avait cinquante-cinq, elles en vaudraient six; et ainsi de soixante-quatre et quarante-quatre qui ne valent pour le point qu'à proportion des dixaines, le cinquième point faisant la dixaine, trente-cinq points en valent autant pour le point que quarante-quatre, étant comptés l'un et l'autre pour quatre; mais c'est celui qui a le plus de points qui les compte; et si le point est égal, personne ne le doit compter : il en est de même lorsque les deux joueurs ont les mêmes tierces, quatrièmes, cinquièmes, etc., à moins que par une quinte, ou quatrième, ou tierce supérieure, il ne rende bonnes les tierces, quatrièmes ou cinquièmes, qui pourraient être égales avec celles de son adversaire.

Il y a de six sortes de tierces; la première que l'on appelle majeure, et qui est composée d'un as, d'un roi et d'une dame; la seconde appelée au roi, composée d'un roi, d'une dame et d'un valet; la troisième de dame, que la dame, le valet et le dix composent; la quatrième, qui est valet, dix et neuf; la cinquième de dix, qui est dix, neuf et huit; et la sixième qu'on appelle tierce basse ou fine, et qui est le neuf, le huit et le sept. Il faut pour faire une tierce, ainsi qu'une quatrième et une quinte, etc., que toutes les cartes soient de même couleur.

Il y a cinq sortes de quatrièmes; la première qu'on appelle quatrième majeure, est composée de l'as, le roi, la dame et le valet; la seconde commence par le roi et ainsi de suite jusqu'aux quatre dernières cartes qui forment une quatrième au dix.

Il y a quatre sortes de quintes; la première appelée quinte majeure, se compose des cinq premières cartes, de l'as au valet, et ainsi de suite jusqu'à la dernière, composée des cinq dernières cartes.

Il en est de même des sixièmes qui sont : sixième majeure, sixième au roi, sixième à la dame.

Pour les septièmes qui sont : septième majeure et septième au roi.

Quant à la huitième, elle se compose de toutes les cartes de la même couleur.

Une tierce bonne vaut à celui qui la compte trois points, une quatrième quatre, une quinte en vaut quinze, une sixième seize, une septième dix-sept, et la huitième dix-huit, outre les points qui sont accordés pour le point. Par exemple, un joueur qui aurait une quinte majeure dont le point serait bon, compterait quinze pour la quinte, et cinq pour le point, ce qui ferait vingt, et ainsi du reste.

Celui qui a la plus haute tierce, quatriè-
me, quinte, et ainsi des autres qui suivent,
annule toutes celles qui sont au-dessous. Par
exemple , une tierce majeure annule une
tierce au roi, et ainsi des quatrièmes, quin-
tes, etc., en observant que la moindre qua-
trième annule la plus haute tierce, la moin-
dre quinte la plus haute quatrième, etc., la
septième la plus haute sixième : la huitième
annule toutes les autres espèces de séquen-
ces.

Toutes ces tierces, quatrièmes, quintes,
etc., sont des séquences. A la faveur d'une
tierce, quatrième ou quinte, et ainsi des au-
tres bonnes, l'on fait passer les moindres
tierces, encore que l'adversaire en eût de
plus fortes, et s'il y a de l'égalité dans la plus
haute séquence entre les deux joueurs, celui
qui en aurait plusieurs autres ou de la même
force ou moindres, n'en compterait pour
cela pas une, la plus noble étant égale.

Le point, tierces, quatrièmes, quintes,
etc., doivent être mis sur table, afin qu'on
puisse en compter la valeur.

Après que l'on a examiné et compté les
tierces, quatrièmes, quintes, etc., il faut exa-
miner si l'on a quelque quatorze ; les qua-
torze sont quatre as, quatre rois, quatre da-
mes, quatre valets et quatre dix, comme il a
été déjà dit : Un quatorze bon est compté
pour quatorze points, le supérieur annule

l'inférieur, et fait que l'on peut à sa faveur compter trois as, trois rois, ou trois dames, etc.

S'il n'y a point de quatorze dans le jeu, on cherche à compter ou trois as, ou trois rois, ou trois dames, ou trois valets, ou enfin trois dix, les plus hautes annulant toujours les inférieures.

Après donc que chacun a examiné son jeu, le premier commence à additionner ce qu'il a de bon dans son jeu. Puis il joue une carte en comptant un pour cette carte.

Le dernier, avant que de jouer, montre son point, s'il l'a bon, ses tierces, quatrièmes ou quintes, etc. Puis il lève la carte que le premier a joué, s'il le peut, ou bien il fournit de la couleur, s'il ne peut point lever, et lorsqu'il prend la levée, il joue telle couleur qu'il veut. Ils jouent de la sorte jusqu'à ce que leurs douze cartes soient jetées ; celui qui fait la dernière levée compte deux points, si la carte qu'il joue est une carte qui marque ; et un, quoiqu'elle ne marque pas.

Chacun compte ensuite ses levées, et celui qui en a le plus, compte dix pour les cartes ; et lorsqu'elles sont égales, elles ne sont comptées de part ni d'autre.

Il y a au piquet trois sortes de chances qu'on appelle repic, pic et capot.

Le *repic* a lieu lorsque dans son jeu, sans que l'adversaire puisse rien compter, l'on compte jusqu'à trente points ; en ce cas, au lieu de dire trente, on dit quatre-vingt-dix, et au-dessus, à mesure qu'il y a des points à compter au-dessus de trente.

Le *pic* a lieu lorsqu'ayant compté un certain nombre de points, sans que l'adversaire ait rien compté, l'on va en jouant jusqu'à trente ; auquel cas, au lieu de dire trente, l'on compte soixante, et l'on continue de compter les points que l'on fait pardessus.

`Le *capot*, c'est lorsque l'un des deux fait toutes les levées ; il compte pour cela quarante points.

Tout ce que nous venons de dire du piquet en constitue la marche ; maintenant en voici les règles.

RÈGLES.

1. S'il se trouve que l'un des joueurs ait plus de cartes qu'il ne faut, si le nombre n'en excède pas treize, il est au choix de celui qui a la main de refaire ou de jouer. Si un joueur a plus de treize cartes, on ne peut se dispenser de refaire.

La raison qui fait décider ce coup de la sorte, est que lorsqu'il y a treize cartes à l'un des deux jeux, c'est par la faute de celui qui a mêlé ; c'est pourquoi s'il y a une peine, c'est à lui à la subir ; c'est une règle généralement reçue.

2. Si celui qui est le premier a treize car-
tes au lieu de douze, et qu'il veuille jouer et
ne point refaire, il doit en écarter une de plus
qu'il n'en prend, étant obligé de laisser au
dernier ses trois cartes: si celui qui donne
en a pris treize, il est encore au choix du pre-
mier de refaire ou de jouer; il prend dans ce
second cas autant de cartes qu'il en prendrait
si le talon n'était pas faux, et le dernier qui
a treize cartes en écarte trois, et n'en prend
que deux pour parfaire le nombre de douze
qu'il doit avoir; tout cela doit se faire en s'a-
vertissant l'un l'autre, et avant que d'avoir vu
les cartes qu'on prend; car après cela l'on
n'y est point reçu, et il faut que le jeu se joue
comme il se trouve, aux peines que doivent
porter ceux qui ont trop de cartes, savoir de
ne rien compter, ce qui s'appelle compter à
la muette.

3. Qui prend plus de cartes qu'il n'en a
écarté, compte à la muette, et ne peut empê-
cher son adversaire de compter tout ce qu'il
a dans son jeu, encore que ce qu'il a fût de
beaucoup inférieur au jeu de celui qui a treize
cartes, ou davantage, après avoir écarté.

4. Qui prend moins de cartes ou s'en
trouve moins, peut compter tout ce qu'il a
dans son jeu, n'y ayant point de fautes à
jouer avec moins de cartes; mais son adver-
saire compte toujours la dernière, attendu
qu'il ne fournit point, et par conséquent il

ne saurait être capot; au lieu que celui qui a moins de cartes le serait, si son adversaire faisait les onze premières levées, n'ayant point de quoi fournir à la douzième.

5. Qui a commencé à jouer et oublié à compter cartes blanches, le point ou les as, rois, dames, etc.; ou les tierces, quatriè-mes, quintes, etc., qu'il peut avoir de bonnes dans son jeu, n'est plus reçu à les compter après, et tout cet avantage devient nul pour lui.

6. Lorsqu'avant de jeter la première carte on ne montre pas le point qu'on a plus que son adversaire, ou quelque tierce, quatrième, etc., on ne peut plus y revenir, et on les perd. Cependant, le premier à qui l'on aurait dit que son point ne vaut pas ou ses tier-ces, etc., ou trois de quelques autres choses, est en droit, pourvu qu'il ne joue pas sa se-conde carte, de compter son jeu, et qu'on lui aurait dit ne point valoir, et qu'on n'aurait point montré ou accusé.

7. L'on doit continuer à donner de la même manière que l'on a commencé, soit par deux ou trois, pendant tout le long d'une partie, à moins qu'avant de mêler, l'on n'avertisse que l'on donnera par deux ou trois: alors l'on peut changer de manière, sans avertir, en commençant chaque partie.

8. Il n'est pas permis d'écarter à deux fois; c'est-à-dire, que du moment que l'on a tou-

4*

ché le talon après avoir écarté telles ou tel nombre de cartes qu'on a jugé à propos, on ne peut plus les reprendre, et cette loi regarde également les deux joueurs.

9. Il n'est permis à aucun des deux joueurs de regarder les cartes qu'il doit prendre en les étendant avant que d'écarter; c'est pourquoi lorsque celui qui a la main ne prend pas ses cinq cartes du talon, il doit dire à son adversaire: Je n'en prends que tant, ou j'en laisse tant.

10. Celui qui a écarté moins de cartes qu'il n'en prend, et s'aperçoit de sa bévue avant que d'en avoir retourné aucune, ou mise sur les siennes, est reçu à remettre ce qu'il a de trop sans encourir aucune peine.

11. Si celui qui donne deux fois de suite reconnaît sa faute avant d'avoir vu aucune de ses cartes, son adversaire sera obligé de faire, encore même qu'il ait vu son jeu.

12. Quand le premier accuse son point, et ce qu'il peut avoir à compter dans son jeu, et que l'autre lui ayant répondu cela est bon, il s'aperçoit ensuite, en examinant mieux son jeu, qu'il s'est trompé; pourvu qu'il n'ait point joué, il est reçu à compter ce qu'il a de bon, et efface ce que le premier aurait compté encore que ledit premier ait commencé à jouer.

13. Celui qui, pouvant avoir quatorze d'as, de rois, de dames, de valets ou de dix, en

écarte une de celles-là, et n'accuse par con-
séquent que trois as, trois rois, trois dames,
trois valets ou trois dix, et qu'on lui a dit
qu'ils sont bons ; celui-là, dis-je, est obligé
de dire au juste à son adversaire laquelle de
ces cartes lui manque, pourvu qu'il le lui
demande d'abord après qu'il a joué la pre-
mière carte de son jeu.

14. S'il arrivait que le jeu de cartes se ren-
contrât faux, c'est-à-dire qu'il y eût deux dix,
ou deux autres cartes d'une même façon,
ou qu'il y eût une carte de moins, le coup
seulement demeurerait nul ; les précé-
dents, s'il y en avait de joués, seraient
bons.

15. Si, en donnant des cartes, il s'en
trouve une de retournée, il faut rebattre et
recommencer à les couper et à les donner.

16. S'il se rencontre une carte retournée
au talon, le coup est bon, pourvu que ce ne
soit pas la carte de dessus, ou bien la pre-
mière des trois que le dernier doit prendre;
et s'il y en avait deux, il faudrait refaire.

17. Celui qui accuse faux, comme de
dire : J'ai trois ou quatre as, rois, dames,
valets ou dix, qu'il pourrait avoir même, et
qu'il n'a cependant pas, ne compte pour cela
rien de tout ce qu'il a dans son jeu, à moins
qu'il ne se reprenne avant de jeter la pre-
mière carte; car s'il a joué seulement une
carte, et que son adversaire s'aperçoive

d'abord, ou au milieu, ou à la fin du coup, qu'il a compté faux, il l'empêche non-seulement de rien compter de son jeu, mais il compte encore tout ce qui est bon dans le sien, ce que l'autre ne peut point parer; il en est de même de celui qui, au lieu de compter quatorze d'as, ou de rois, etc., ou trois de quelque chose, compterait à la place ce qu'il n'aurait pas, comme des rois au lieu des as.

18. Toute carte lâchée, et qui a touché le tapis, est censée jouer; si pourtant on n'était que second à jouer et qu'on eût couvert une carte de son adversaire qui ne fût pas de même couleur, et qu'on en eût dans son jeu; en ce cas, il est permis de la reprendre pour fournir de la même couleur, ne pouvant pas renoncer; il n'y a aucune peine pour cela; mais si, n'ayant pas de la couleur jouée, on jetait par mégarde une carte au lieu d'une autre, il ne serait plus permis de la reprendre dès qu'elle est lâchée de la main.

19. Si, celui qui, pour voir les cartes que laisse le dernier, lorsqu'il en laisse, dit, je jouerai de telle couleur, ne joue pas de la couleur qu'il serait obligé de jouer, il dépend de son adversaire de lui faire jouer par la couleur qu'il jugera à propos.

20. Celui qui par mégarde ou autrement tourne ou voit une carte du talon, doit jouer

de la couleur que son adversaire voudra autant de fois qu'il aurait vu de cartes ; une fois s'il n'y a eu qu'une carte retournée ; deux s'il y en a eu deux, etc.

21. Celui qui étant dernier a laissé une carte du talon et la mêle à son écart avant que de l'avoir montrée à son adversaire, peut être obligé par lui, après qu'il lui a nommé la couleur dont il commencera à jouer, à lui montrer tout son écart ; il lui est permis de ne pas la voir ni montrer, pourvu qu'il ne la mêle pas à son écart.

22. Qui reprend des cartes dans son écart ou est surpris à en changer, perd la partie.

23. Qui quitte la partie avant qu'elle soit finie, la perd.

24. Celui qui, croyant avoir perdu, jette ses cartes qu'on brouille avec le talon, perd en effet la partie, encore qu'il s'aperçoive après qu'il s'est mépris ; mais si rien n'est mêlé, il y peut revenir, pourvu que l'autre n'ait pas brouillé son jeu.

De même, s'il arrive à la fin d'un coup qu'un joueur, ayant en sa main deux ou trois cartes, et croyant que son adversaire les a plus hautes, les jette toutes ensemble, si celui qui joue contre lui montre alors ses cartes, il les lève pour lui, quoique ses cartes soient inférieures, et le premier n'en peut revenir, perdant en effet les cartes qui lui restent.

25. Celui qui, étant dernier, écarterait et prendrait les cartes du premier avant que le premier eût le temps de faire son écart, et les aurait mêlées à son jeu, perdrait la partie. Mais si le premier avait eu le temps d'écarter, et qu'il eût attendu que le dernier eût pris ses cartes, se croyant être le dernier, le coup sera bon, et celui qui est de droit premier commencera à jouer.

26. Quand on n'a qu'un quatorze en main qui doit valoir, on n'est pas obligé de dire si c'est d'as, de rois, de dames, etc.; on dit seulement *quatorze;* mais si on n'en peut avoir deux dans son jeu, et que l'on n'en ait qu'un, ayant écarté une carte ou deux qui vous réduisent à un seul, alors on est obligé de nommer le quatorze que l'on a.

LE PIQUET A ÉCRIRE.

Ce jeu se joue, comme le piquet ordinaire ; il n'y a de différence que dans la manière de marquer les points et de fixer la longueur de la partie. On peut jouer en un nombre de tours plus ou moins considérable. Un tour, c'est deux coups.

Supposons que l'on joue en quatre tours, et que dans ces quatre tours A ait fait cinquante points, et que B en ait fait soixante-quinze ; c'est vingt-cinq points que A doit payer à B, d'après le prix fixé par point avant de commencer la partie. Il se paye, en outre, à chaque coup une consolation à celui qui perd plus de points que l'autre. Le prix de cette consolation doit aussi être fixé avant de commencer à jouer. On voit que pour cela il faut écrire, additionner des chiffres, faire des soustractions ; ce qui rend cette manière de jouer fatigante ; aussi ne joue-t-on presque plus le piquet à écrire.

LE PIQUET A TROIS,

OU PIQUET NORMAND.

Après avoir tiré à qui fera, le donneur distribue à chacun et à lui-même dix cartes par deux et trois. Deux cartes restent au talon. Celui qui fait a le droit de les prendre après en avoir écarté deux de son jeu.

On joue ordinairement en cent points. Le premier des trois joueurs qui arrive à soixante a gagné ; mais comme il ne doit y avoir qu'un perdant, les deux autres continuent à jouer jusqu'à ce que l'un d'eux soit arrivé à cent ; celui-là ne perd ni ne gagne rien.

Tant que l'on joue à trois, celui qui compte vingt sans jouer, les autres ne comptant rien, dit quatre-vingt-dix. Celui qui arrive à vingt en jouant la carte, mais sans que les deux autres aient rien compté, dit soixante. Celui qui a fait le plus de levées compte dix. Si un des trois est capot, chacun des deux autres compte vingt. Si un joueur fait les deux autres capots, il compte quarante.

Lorsqu'on n'est plus que deux, on joue le piquet proprement dit, dont nous avons donné les règles ci-dessus.

Il ne faut pas oublier qu'au piquet à trois il est avantageux de donner les cartes, à cause de l'écart que l'on peut faire et remplacer par les deux cartes du talon, tandis que les deux autres joueurs doivent s'en tenir aux dix cartes qui leur ont été distribuées.

A quatre, il y a avantage à être premier en cartes, c'est-à-dire à être placé immédiatement après celui qui donne.

A deux, c'est aussi le premier en cartes qui est le plus avantagé, puisqu'il a cinq cartes à écarter, et qu'en outre il peut compter soixante au lieu de trente, s'il arrive à trente en jouant, sans que l'adversaire ait pris un point.

LE PIQUET A QUATRE,

OU PIQUET VOLEUR.

Les partenaires étant placés de manière à n'être pas l'un près de l'autre, on tire la main, puis le donneur distribue à chacun huit cartes par trois et deux. Les trente-deux cartes du jeu se trouvent ainsi en main, donc on ne fait point d'écart.

Les deux partenaires, à ce jeu, ne font pour ainsi dire qu'une seule personne. Ainsi, si l'un des deux a une ou plusieurs séquences qui soient bonnes, l'autre pourra à leur faveur compter les séquences plus faibles qui eront dans son jeu. Le coup fini, les deux parties réunissent leurs levées, et celui qui en a le plus compte dix.

Il est inutile d'entrer dans de plus grands détails, car nous nous répéterions infailliblement, les règles et la marche de ce jeu étant en tout, pour le reste, semblables à celles du piquet proprement dit.

L'IMPÉRIALE.

L'imperiale se joue à deux, avec un jeu de trente-deux cartes. La plus forte est le roi ; viennent ensuite dame, valet, as, dix, neuf, huit et sept.

La main étant tirée, les cartes battues et coupées, le donneur donne douze cartes à son adversaire et autant à lui même, successivement, trois par trois ou quatre par quatre, puis il retourne la vingt-cinquième qui annonce la couleur de l'atout.

Il y a, à l'impériale, ce que l'on appelle des *honneurs*, ce sont le roi, la dame, le valet, l'as et le sept d'àtout. Chacun de ces honneurs vaut quatre points à celui qui les a.

Les cartes étant données, le premier, comme au jeu de piquet, commence par annoncer son point pour lequel il compte quatre points si son adversaire n'a pas un point supérieur ; car, s'il était égal, le premier le compterait.

Il annonce ensuite les impériales s'il en a, et il les montre.

La première sorte d'impériale se compose de quatre rois, ou de quatre dames, quatre valets, quatre as, quatre sept.

La seconde, le roi, la dame, le valet et l'as d'une même couleur.

Il y a encore l'impériale retournée, qui est lorsque retournant un roi, une dame, un valet ou un as, on a dans son jeu les trois autres cartes de la même couleur, qui parfont le roi, la dame, le valet et l'as.

Enfin il y a l'impériale que l'on fait tomber, et qui a lieu, lorsqu'ayant le roi, la dame ou autres, on prend à l'adversaire en jouant les autres cartes qui forment l'impériale. Cette impériale n'a lieu que pour la couleur en laquelle est l'atout. Chaque impériale vaut vingt-quatre points.

Celui qui a dans son jeu le roi, la dame, le valet et l'as de la couleur dont il retourne, compte pour cela deux impériales. Le jeu que l'on a en main étant compté, le premier à jouer jette telle carte de son jeu qu'il juge à propos, et sur laquelle l'adversaire est obligé de fournir de la même couleur s'il en a, et de prendre s'il peut, autrement de couper, car on ne peut renoncer. L'on joue de la sorte toutes les cartes ; puis, chacun compte ce qu'il a, et celui qui en a plus que l'autre compte quatre points pour chaque levée qu'il a de plus que les six qu'il doit avoir, et il les marque pour lui

Celui qui ayant mêlé, tourne un honneur, c'est-à-dire, un roi, une dame, un valet, un as, un sept, marque pour lui un jeton, qui vaut quatre points.

Celui qui coupe avec le sept d'atout, ou bien avec l'as, le valet, la dame ou le roi, ou, le jouant autrement, fait la levée, marque autant de jetons, qui valent chacun quatre, qu'il a levé de ces honneurs.

Celui qui ayant joué un de ces honneurs, le perd, parce que son adversaire jouerait un honneur plus fort, bien loin de compter l'honneur qu'il aurait joué à son avantage, celui qui ferait la levée de droit, marquerait un jeton pour chaque honneur; de même celui qui, ayant joué le sept d'atout, perdrait la levée que l'autre leverait par un atout qui ne ferait pas un honneur, il ne laisserait pas de marquer à son avantage l'honneur qu'il leverait, encore qu'il n'en eût pas joué.

Le coup terminé, on compte ses points, qui, ajoutés à ceux que l'on peut avoir du coup précédent, forment autant d'impériales qu'ils contiennent de fois vingt-quatre.

Il reste à faire observer que ces points peuvent être effacés, lorsqu'ils sont au-dessous de vingt-quatre; par exemple, si l'un des joueurs avait du coup précédent vingt points au moins, et que son adversaire eût une impériale en main, ou retournée, lorsqu'elles ont lieu, celui qui aurait l'impériale en droit, annule les vingt points de son adversaire, qui serait obligé de démarquer, sans pour cela démarquer lui-même ceux qu'il pourrait avoir, à moins que son adversaire n'eût aussi une impériale, qui effacerait également les points de l'autre joueur. L'on marque chaque impériale par une fiche, en faveur de celui qui l'a. L'impériale que l'on marque, lorsqu'on a six jetons assemblés, efface également les points que l'adversaire peut avoir, et est marquée comme l'autre avec une fiche, en faveur de celui qui la fait, et la partie dure jusqu'à ce qu'un des deux joueurs ait fait le nombre d'impériales auquel on a fixé la partie.

On peut jouer aussi l'impériale à trois. Dans ce cas, on ajoute les six, et le jeu est ainsi de trente-six cartes. Dans ce cas aussi, c'est le six d'atout qui est honneur au lieu du sept.

Voici maintenant les règles qui doivent être observées dans la marche de ce jeu.

RÈGLES

1. Lorsque le jeu se trouve faux, le coup où il est reconnu faux ne vaut pas, les précédents sont bons.

2. S'il se trouve une ou plusieurs cartes retournées, on refait.

3   Celui qui donne mal, perd sa donne et une impériale.

4. Une carte tournée au talon n'empêche pas que le jeu soit bon.

5. Qui mêle son jeu au talon, perd la partie.

6. Qui oublie de compter son point, ne peut le compter après avoir joué ; il en est de même des impériales.

7. Qui ne montre pas ses impériales avant son point, ne les compte pas.

8. Celui qui, pouvant prendre une carte jouée ne la prend pas, perd une impériale, soit qu'il ait de la couleur jouée, ou qu'il n'en ait pas, s'il a de l'atout pour pouvoir couper.

9. Celui qui renonce, c'est-à-dire, ne joue pas de la couleur dont on a joué, et qu'il a dans son jeu, perd deux impériales.

10. Les impériales que perd celui qui fait des fautes, sont au profit de son adversaire, si celui qui fait des fautes n'en a pas pour pouvoir démarquer ; s'il en a, il lui est loisible de se démarquer,

11. Celui qui fait une impériale avec les points des cartes qu'il gagne, ne laisse pas de points marqués à son adversaire ; au lieu que celui qui finit une impériale par les honneurs qu'il lève pendant son coup, ne peut empêcher de marquer ce que son adversaire gagne de cartes, s'il en gagne.

12. La retourne est reçue à finir la partie plutôt qu'une impériale en main ; l'impériale en main plutôt que l'impériale retournée, lorsqu'elle a lieu : l'impériale retournée plutôt que le point : le point plutôt que l'impériale qu'on fait tomber, et ladite impériale plutôt que les honneurs, et les honneurs plutôt que les cartes, qui sont les derniers points du jeu à compter.

13. L'impériale retournée n'a lieu que lorsque l'on joue sans restriction de même que l'impériale que l'on fait tomber.

14. L'impériale que l'on fait tomber n'a lieu que dans la couleur qui est atout.

Nous avons dit plus haut qu'on peut jouer à l'impériale à trois ; on peut aussi jouer à quatre, à cinq ; mais dans ce cas il n'y a que deux joueurs qui tiennent les cartes ; les autres prennent successivement la place des perdants après un nombre de coups convenu, et chacun marque pour son compte.

LE LANSQUENET

A ce jeu, les joueurs sont divisés en deux catégories qu'on nomme les *coupeurs* et les *pontes*. On commence par tirer au sort pour savoir quels seront les coupeurs ; puis ces derniers, entre eux, tirent pour voir qui sera le donneur.

Celui qui doit donner prend un jeu de cinquante-deux cartes, les mêle, fait couper, puis il donne à chacun des coupeurs une carte découverte, sur laquelle chaque coupeur place une somme convenue, que l'on nomme *fonds du jeu*. Ces cartes distribuées aux coupeurs se nomment *cartes droites*.

Cela fait, tous les joueurs peuvent mettre la somme qu'il leur plaît sur une chance nommée la *réjouissance*. Le donneur se donne ensuite à lui-même une carte qu'il découvre, puis il tire la carte de la réjouissance. Dès lors, le jeu est fait ; la suite amènera des résultats. Le donneur tire donc successivement d'autres cartes, et toutes les fois qu'il tire une carte semblable à une de celles tirées précédemment, il gagne l'argent placé sur cette dernière ; mais dès qu'il tire une carte pareille à celle qu'il s'est donnée, il perd partout, et la partie est terminée.

Lorsque, en donnant les cartes droites aux coupeurs, le donneur en donne une double comme, par exemple, si, ayant donné un as au premier coupeur, il donne un autre as au second coupeur, ou au troisième, quatrième, etc., il gagne ce que le premier coupeur a placé sur cette carte droite ; mais alors il est tenu de mettre deux fois le fonds du jeu sur la carte double ; s'il donne à un autre coupeur une carte droite pareille, c'est-à-dire triple, il gagne sur la carte double, mais il doit mettre quatre fois le fonds du jeu sur la triple carte. Enfin, s'il donne une carte droite quadruple, il perd sur la carte triple, reprend ce qu'il a mis sur les cartes doubles ou simples, et la main passe aussitôt à un autre coupeur ; mais si cette carte quadruple est la sienne, il gagne sur les cartes droites, et le coup ne va pas plus loin. Enfin si cette carte quadruple est celle de la réjouissance, chacun retire l'argent qu'il a mis à cette chance, qui est nulle pour ce coup.

Lorsqu'un coupeur perd sur sa carte, il est obligé de payer le fonds du jeu à chacun des autres coupeurs sans avoir égard toutefois aux cartes doubles ou triples.

Les pontes, ayant fait leurs mises sur les

cartes tirées et à la réjouissance, le donneur continue à tirer des cartes, et chaque fois qu'il en tire une semblable à une de celles déjà tirées, il gagne ce qu'il y a sur cette carte; il en est de même pour la réjouissance; mais, comme nous l'avons dit, dès qu'il tire une carte semblable à la sienne, il paye toutes les mises qui sont sur le tapis.

Le grand coup, pour le donneur, consiste à tirer douze cartes différentes d'abord, et ensuite douze cartes semblables aux douze premières. Dans ce cas, il gagne partout; on appelle cela *faire opéra*. Ce coup est excessivement rare. Le donneur qui, ayant tiré douze cartes différentes, en tirerait une treizième pareille à la sienne, perdrait avec tous les pontes.

Lorsque la carte du donneur est double, les pontes s'abstiennent de jouer jusqu'à ce qu'il y ait sur le tapis d'autres cartes doubles, afin que les chances soient égales.

On peut aussi jouer carte double contre carte simple, en mettant trois contre deux, ou carte double contre carte triple, en mettant trois contre un; c'est ce qu'on appelle les partis.

Tant que le donneur gagne les cartes droites, il garde la main, bien qu'il perde sur les autres cartes.

Ce jeu, qui est fort ancien, a été remis en vogue depuis deux ou trois ans; il fait fureur à Paris parmi la jeunesse dorée.

L'ÉCARTÉ.

RÈGLES.

1. L'écarté se joue à deux personnes, avec un jeu de trente-deux cartes, comme pour le piquet. La valeur des cartes est établie dans cet ordre : dix, dame, valet, as, dix, neuf, huit et sept.

2. On commence par tirer la main, attendu que donner les cartes à ce jeu est un avantage, puisque, si l'on retourne un roi, on gagne un point. La main se tire en coupant le jeu et en découvrant la dernière carte de la coupe. Si en tirant la main on découvre plusieurs cartes, la plus basse est celle qui compte. La main est bien tirée.

3. La partie se joue en cinq points, à moins de conventions particulières.

4. Les points se marquent du côté de l'argent.

5. L'argent qu'on joue ou qu'on parie se met toujours sur table.

6. Celui qui fait trois levées gagne un

point; celui qui les fait toutes en **gagne deux** (ce qui s'appelle faire la vole).

7. On ne peut faire plus de deux points en un seul coup, à moins qu'on ait le roi, ou qu'on l'ait retourné. Alors on peut faire trois points.

8. On peut jouer en partie liée. On appelle partie liée gagner deux parties sur trois.

9. Celui qui gagne ne peut refuser la revanche; celui qui perd n'est pas forcé de la prendre.

10. Il est d'usage d'avoir deux jeux de cartes avec lesquels on alterne; et pour éviter de les mêler ensemble, on fait bien d'en avoir un taroté, et mieux encore de couleur.

11. Lorsqu'un jeu de cartes est reconnu faux, tous les coups qui précèdent sont bons ; le coup auquel on s'aperçoit que le jeu est faux, est également bon s'il est consommé.

12. Les cartes se donnent par deux et trois, ou par trois et deux, jamais différemment. L'on donne cinq cartes à chacun, et l'on retourne la onzième.

13. La carte retournée indique l'atout. L'atout emporte toutes les autres couleurs. Il y a donc huit atouts, trente-deux cartes et quatre couleurs.

14. Une fois qu'on a commencé de donner par deux et trois, ou par trois et deux, on ne peut plus changer durant la partie, à moins d'en prévenir l'adversaire avant de lui donner à couper. Si l'on a changé sa manière

de donner sans l'avoir prévenu, il a le droit de faire redonner, s'il n'a pas vu son jeu. Une fois qu'il a vu ses cartes, le coup est bien donné.

15. Le talon se place à la droite de celui qui donne, et les écarts à la gauche, pour ne pas confondre le talon avec les écarts, ou pour se rappeler au besoin celui qui vient de donner. On appelle talon ce qui reste de cartes après la distribution.

16. Celui qui donne doit toujours mêler les cartes, et l'adversaire toujours couper; mais ce dernier peut aussi mêler avant de couper, et celui qui donne remêler de nouveau, ou présenter à couper sans remêler, ou changer de cartes. On peut mêler à chaque coup les cartes qu'on vous présente à couper, mais jamais deux fois de suite.

17. Celui qui reçoit les cartes joue le premier.

18. Le roi compte un point à celui qui le retourne ou qui l'a dans son jeu.

19. Quand on l'a dans son jeu, il ne suffit pas de le marquer, on doit annoncer qu'on a le roi. Si l'on est premier, il faut l'annoncer avant de jouer sa première carte, à moins qu'on ne le joue d'abord, et dans ce cas on peut l'annoncer après qu'il est sur table, mais avant qu'il soit couvert par la carte de l'adversaire. Ceci n'est applicable qu'au premier à jouer; le second doit toujours l'annoncer

avant de jeter une carte sur la première de celui qui joue ; autrement, il ne peut plus le marquer ; et, dans son intérêt, il ne doit l'annoncer que quand le premier a joué.

20. Lorsqu'un joueur donne sans que ce soit son tour, et qu'on s'en aperçoit avant que la retourne soit connue, on recommence le coup ; si la retourne est connue, le jeu se met de côté, et se trouve bien donné pour le coup suivant. Si l'on ne s'en aperçoit qu'après avoir joué, le coup est bon, la faute étant aux deux joueurs, l'un d'avoir donné, l'autre d'avoir laissé donner.

21. Un joueur qui joue avant son tour n'est tenu qu'à reprendre sa carte. Si cependant elle a été couverte, le coup est bon, la faute étant aussi aux deux joueurs.

22. Quand le premier joueur n'est pas content de son jeu, il propose de prendre d'autres cartes, en disant : *J'écarte* ou *je propose;* le second accepte ou refuse, suivant qu'il est content du sien. S'il accepte, il donne autant de cartes qu'on lui en demande, et s'en donne ensuite autant qu'il en désire.

23. Celui qui joue sans écarter, ou celui qui refuse d'écarter perd deux points s'il ne fait pas trois levées, et n'en gagne qu'un s'il les fait.

24. Dès qu'on a demandé ou refusé, on ne peut plus se rétracter; de même, une fois

qu'on a demandé un certain nombre de cartes, on ne peut plus le changer.

25. Si, après la seconde donne, le premier veut encore proposer, il en a la faculté, de même qu'après la troisième donne, etc., jusqu'à l'extinction des cartes ; mais le second en refusant ne perd plus deux points s'il ne fait pas trois levées.

26. Lorsqu'après avoir écarté plusieurs fois, on propose encore, sans faire attention s'il reste assez de cartes, et que le second accepte inconsidérément, le premier prend celles dont il a besoin ; tant pis pour le second, s'il ne lui en reste pas assez ou pas du tout (comme il donnait, il devait y prendre garde) : alors il conserve de son jeu ce qu'il lui faut ; et s'il a écarté, il prend au hasard dans l'écart le nombre de cartes dont il a besoin pour compléter son jeu.

27. Chaque joueur, avant de recevoir de nouvelles cartes, jette son écart de côté, et une fois cet écart fait, il ne peut plus y toucher. S'il lui arrivait de regarder les cartes écartées, même les siennes, non-seulement il ne pourrait les reprendre, fussent-elles des atouts, mais il devrait jouer à jeu découvert, étant censé avoir connaissance de l'écart de son adversaire.

28. On est obligé de jouer de la couleur annoncée. Ainsi celui qui en disant trèfle, joue du pique ou toute autre couleur, est

tenu, si l'adversaire l'exige, de reprendre sa carte, et de jouer de la couleur annoncée. S'il ne s'en trouvait pas, il doit jouer de la couleur indiquée par l'adversaire. Si pourtant l'adversaire trouve que la carte jouée lui est plus favorable que la couleur annoncée, il a le droit d'empêcher qu'elle ne soit retirée.

29. Celui qui, par méprise de couleur ou autrement, dirait : *J'ai le roi*, et qui ne l'aurait pas, perdrait un point, sans préjudice du coup, c'est-à-dire qu'au lieu de marquer le roi faussement annoncé, ce serait l'adversaire qui le marquerait, à moins qu'il ne prévînt s'être trompé avant de commencer le coup.

30. On ne peut regarder les levées de son adversaire, sous peine de jouer à jeu découvert.

Quiconque, par erreur ou autrement, jette ses cartes sur la table, perd un point s'il a déjà fait une levée, et deux points s'il n'en a pas encore.

31. Un joueur qui quitte la partie, la perd.

32. S'il se trouve une carte retournée dans le jeu et qu'on s'en aperçoive en donnant, le coup est nul, excepté quand la carte retournée arrive la onzième, parce qu'alors cela n'a rien changé à son sort, qui était d'être retournée. Si l'on ne s'en aperçoit qu'après avoir écarté, et que la carte retournée re-

vienne à celui qui reçoit les cartes, il peut la garder ou recommencer entièrement le coup et prendre la main, la faute étant du fait de celui qui donne, et pouvant avoir été commise avec intention de fraude par un joueur peu délicat. Mais si la carte retournée revient, après l'écart, à celui qui donne, le coup est bon ; il est également bon si l'on ne s'aperçoit de la carte retournée qu'après que les deux joueurs ont cessé de prendre des cartes.

33. On ne doit ni renoncer ni sous-forcer. On appelle sous-forcer fournir de la couleur demandée avec une carte inférieure à d'autres qu'on a dans son jeu ; c'est, par exemple, jeter un neuf de trèfle sur un dix de trèfle quand on a l'as de trèfle.

34. Lorsqu'un joueur renonce ou sous-force, il est obligé de reprendre sa carte, et le coup se rejoue ; mais celui qui a renoncé ou sous-forcé ne gagne rien s'il fait le point, et ne gagne qu'un point s'il fait la vole.

35. Quand celui qui donne retourne plusieurs cartes au lieu d'une, l'adversaire a le droit de rétablir la retourne telle qu'elle doit être, ou de la rétablir en mettant à l'écart les cartes vues, ou de recommencer le coup et de prendre la main ; mais il n'a cette dernière faculté qu'autant qu'il n'a pas vu son jeu.

36. Lorsque celui qui donne retourne en donnant une ou plusieurs des cartes de son

adversaire, il achève de donner, et l'adversaire a le droit de tenir le jeu comme bon ou de recommencer le coup en prenant la main.

37. Si les cartes retournées font partie du jeu de celui qui les retourne, le coup ne doit pas se recommencer, la faute, dans ce cas, étant au préjudice de celui qui la commet.

38. Si celui qui donne, après écart, retourne une carte, il ne peut refuser un nouvel écart à son adversaire, et il est obligé de lui donner la carte vue, si ce dernier l'exige.

39. Si celui qui fait, donne une ou plusieurs cartes de trop, le premier à jouer a le droit d'écarter à son choix la ou les cartes qu'il a de trop, en les faisant voir avant de les jeter à l'écart, ou de recommencer le coup en prenant la main.

40. S'il en a donné de moins, le premier à jouer a le droit de prendre la première du talon ou plusieurs, suivant ce qui lui manque, sans changer la retourne, ou de recommencer le coup en prenant la main.

41. Si, au contraire, celui qui fait s'est donné trop de cartes, l'adversaire a le droit de lui retirer au hasard la ou les cartes de trop ou de faire recommencer le coup et de prendre la main

42. S'il s'est donné moins de cartes, l'adversaire peut lui laisser prendre la ou les

premières du talon, ou recommencer le coup et prendre la main.

43. Si l'un des deux joueurs, ayant plus ou moins de cartes, venait à écarter sans en prévenir l'adversaire, et que celui-ci s'en aperçût, soit en vérifiant l'écart ou autrement, le joueur qui aurait fait un faux écart, perdrait deux points, et le droit de marquer le roi, même s'il l'eût retourné.

44. Si celui qui fait, donne plus ou moins de cartes qu'on ne lui en a demandé, il perd le point et le droit de marquer le roi s'il l'a dans son jeu, et le maintient pour bon s'il l'a retourné, la retourne étant antérieure à la mal-donne.

45. Si celui qui fait se donne plus de cartes qu'il n'en a écarté, il perd le point et le droit de marquer le roi, s'il l'a dans son jeu; s'il s'en donne de moins, il complète son jeu sans punition par les premières du talon, puisqu'elles lui revenaient de droit; s'il ne s'en aperçoit qu'après avoir joué, l'adversaire fait les levées des cartes qui ne peuvent pas être couvertes; mais si la faute ne vient pas de celui qui donne, comme dans le cas où le le premier à jouer aurait demandé plus ou moins de cartes qu'il n'en aurait écarté, alors le premier à jouer perdrait un point, et en outre le droit de marquer le roi s'il en avait demandé plus; mais il le marquerait s'il en avait demandé moins, et qu'il l'eût dans son

jeu, par la raison que, l'ayant avec moins de cartes, il ne pouvait pas ne pas l'avoir, s'il en eût demandé une de plus.

46. Celui qui, après donne sur écart, joue avec plus de cinq cartes, perd un point, et en outre le droit de marquer le roi.

LES PARIS

47. On peut parier pour un des joueurs, et les parieurs ont le droit de conseiller ; mais leurs avis et ce qu'ils disent n'est compté pour rien par l'adversaire tant que le joueur n'a pas parlé. Or si un parieur dit : *Le roi*, et que le joueur ne l'ait pas nommé avant de jouer sa carte, il n'a plus le droit de le marquer, sauf le cas précédemment cité à l'article du roi.

48. Les joueurs ont le droit de tenir tous les paris, de préférence à la galerie, qui ne peut tenir que l'excédant de ce que veut jouer le joueur.

49. On ne doit pas regarder le jeu de celui contre lequel on parie.

50. Les parieurs ne doivent pas parler sur le jeu de leur partenaire, et lorsqu'ils conseillent, ils doivent indiquer la carte à jouer ou à garder ; mais ils ne doivent pas nommer la carte, ni la couleur de la carte.

50. On peut parier à la partie, au point,

aux deux, aux trois, aux quatre premiers points, au roi, à la belle d'atout et à la couleur de la retourne. La galerie a le droit d'avertir de toutes les erreurs qui seraient des fraudes, si on pouvait supposer qu'elles sont commises avec intention, par exemple, si un joueur marquait un point de plus ou s'il prenait des levées qui ne lui appartiendraient pas.

52. On a dit plus haut qu'un joueur qui quitté la partie la perd ; mais, dans ce cas, un des parieurs est tenu, dans son intérêt et dans celui des autres, de prendre la place et de continuer la partie.

53. A la fin de chaque partie, le joueur qui a gagné prend d'abord ce qui lui revient, et partage ensuite le restant entre les parieurs, suivant ce qui revient à chacun, sans être responsable des erreurs qui pourraient résulter de l'inexactitude des comptes ; le déficit doit être supporté par les parieurs entre eux.

LA TRIOMPHE.

On peut jouer à ce jeu un contre un, deux contre deux et même trois contre trois. On se sert d'un jeu de trente-deux cartes comme pour le piquet, lesquelles ont la même valeur qu'à l'écarté, et se jouent de la même manière. (Voyez ce jeu.)

Lorsque l'on joue deux contre deux, ou trois contre trois, ceux qui sont ensemble se mettent d'un côté de la table, et les adversaires de l'autre côté. Ils se communiquent leur jeu de la vue seulement, bien entendu ceux d'un même parti, et jouent ensuite suivant le rang où ils sont; enfin, soit que l'on joue de la sorte, ou un contre un, on commence à battre les cartes, pour voir à qui fera; et comme c'est un désavantage de donner, celui des deux partis qui coupe la plus haute carte, ordonne à l'autre de faire. Celui-ci, après avoir mêlé les cartes et fait couper son adversaire, ou celui qui est à sa gauche, s'ils sont plusieurs, donne à chacun des joueurs cinq cartes, et en prend autant pour lui par une fois deux et une fois trois , et ensuite tourne la première carte de dessus le talon, qui fait l'atout et qui reste sur le talon.

Ensuite le premier à jouer joue telle carte de son jeu qu'il juge à propos, et les autres joueurs sont obligés de fournir de la couleur jouée, s'ils en ont, et de lever, s'ils en ont de plus hautes, ou de couper, s'ils ont des atouts, et qu'ils n'aient pas de la couleur jouée ; et celui des deux partis qui a fait trois mains ou levées, marque un point, et s'il fait la vole, il en marque deux.

Il est loisible à l'un des partis qui a mauvais jeu, de donner le point à l'autre ; et si le parti contraire ou le joueur adversaire , lorsque l'on joue tête à tête, ne veut point l'accepter, il perd deux points , s'il ne fait pas la vole, au lieu qu'il gagne un point s'il l'accepte.

Voici les règles à observer à ce jeu.

1. Lorsque le jeu est faux, ou qu'il y a quelque carte tournée, on remêle ; les coups précédents sont bons.

2. Celui qui en mêlant donne plus ou moins de cartes à l'un des joueurs, ou enfin donne mal, perd un de ses points, s'il en a, ou le parti contraire le marque.

3. Qui joue avant son tour perd un point.

4. Celui qui en fournissant d'une couleur peut lever la carte jouée, et ne la lève pas, perd un point.

5. Qui, n'ayant pas de la couleur jouée,

péut couper et ne coupe pas, perd un point, encore que celui qui a joué devant lui eût coupé d'un atout plus fort que le sien.

6. Celui qui renonce perd deux points.

7. Celui qui serait surpris à changer les cartes de son jeu avec son compagnon, ou à reprendre les levées déjà faites, perdrait la partie.

8. Lorsqu'on s'aperçoit en donnant les cartes qu'il y en a de retournées, soit dans le jeu, soit au talon, on refait; mais si la retourne est faite, il n'y a plus d'observation à faire, et le coup doit être joué.

9. Celui qui, après avoir donné, au lieu de retourner la onzième carte pour l'atout, retourne la douzième, ou une autre, donne à son adversaire le droit de voir son jeu ou de refaire; si celui-ci s'y tient, on retourne la onzième carte, et le coup se joue.

Si la onzième carte est seule retournée, le coup est bon.

10. Qui quitte avant de finir la partie, la perd.

LA MOUCHE,

On ne voit guère d'où ce jeu nous est venu, ni la raison pourquoi on l'a appelé la mouche; mais comme ces connaissances ne sont point essentielles, nous passerons à la manière de le jouer.

La mouche se joue ordinairement à quatre ou à cinq personnes, avec un jeu de trente-deux cartes. On peut la jouer à six; mais alors il faut ajouter les quatre six, et le jeu est de trente-six cartes. En voici la marche et les règles.

1. La main étant tirée, celui qui donne les cartes, mêle, fait couper et distribue cinq cartes à chacun, puis il retourne la première carte du talon qui annonce la couleur de l'atout, et reste sur le tapis.

2. Chacun ayant vu son jeu, **le** premier à jouer dit qu'il joue ou qu'il *passe*, selon que son jeu lui paraît bon ou mauvais; les autres en font autant successivement. Ceux qui jouent demandent ensuite de une à cinq cartes du talon en en écartant un nombre égal,

ou bien ils gardent leur jeu tel qu'il est ; alors ils disent : *je m'y tiens.*

3. Le premier à jouer jette une carte quelconque ; les autres jouent successivement de la couleur jouée par le premier ; ils coupent avec de l'atout, s'ils n'ont pas de cette couleur, car on ne peut renoncer, et il faut toujours forcer, c'est-à-dire jouer une carte qui l'emporte sur celle du joueur précédent, à moins que cela ne se puisse faire. La valeur des cartes est la même qu'à l'écarté.

4. Les cartes étant jouées, chacud prend sur le total des mises, le cinquième de ce total pour chaque levée.

5. Celui qui donne doit mettre une mise pour sa donne, indépendamment de la mise ordinaire.

6. Le joueur qui ne fait point de levée est mouche ; c'est-à-dire qu'il doit mettre au jeu pour le coup suivant, autant d'argent qu'il y en avait pour le coup qui vient de se jouer. Le joueur qui *passe* ne peut rien perdre, ni rien gagner.

7. S'il y a plusieurs mouches faites d'un même coup, elles se mettent toutes ensemble, à moins qu'on ne soit convenu de ne les mettre que séparément pour éviter de jouer trop gros jeu. Il arrive souvent alors que les mouches à fournir deviennent nombreuses; il faut en tenir note, et jouer toujours les plus **fortes d'abord.**

8. Lorsqu'un joueur fait les cinq levées (la vole), il gagne tout l'enjeu, et tous les autres joueurs sont mouches.

9. Si les cinq cartes données d'emblée à un joueur sont de même couleur, c'est-à-dire cinq cœurs, cinq trèfles, cinq carreaux ou cinq piques, il commence, après avoir vu son jeu, par dire qu'il jouera, puis, les autres joueurs ayant parlé, il montre les cartes, et tous ceux qui n'ont pas dit : *je passe*, sont mouches. Les cartes ne se jouent pas, et celui qui a les cinq cartes de même couleur gagne le total des mises, et même toutes les mouches dues, à moins de conventions contraires.

10. Si plusieurs joueurs avaient en même temps la mouche, c'est-à-dire cinq cartes d'une même couleur, celui qui l'aurait de la couleur qui est triomphe, gagnerait par préférence aux autres, et autrement ce serait celui qui aurait plus de points à la mouche; on compte l'as qui va immédiatement après le valet pour dix points, les figures pour dix, et les autres cartes les points qu'elles marquent, et si elles étaient égales en tout, la primauté gagnerait.

Celui qui a la *mouche* n'est pas obligé de le dire, même quand on lui demanderait s'il la sauve; mais si on le lui demande et qu'il dise oui ou non, il doit accuser juste.

11. Celui qui renonce, c'est-à-dire qui

ne joue pas de la couleur demandée quand il en a, est mouche. Il en est de même, de celui qui ne force pas, c'est-à-dire qui ne joue pas, s'il l'a, une carte plus forte que celles de la même levée jouées avant lui, ou qui étant obligé de couper, ne coupe pas de plus haut, s'il le peut, que ceux qui auraient coupé avant lui.

12. La maledonne n'emporte aucune peine; en ce cas le donneur en est quitte pour recommencer.

13. Une carte retournée dans le jeu, que l'on aperçoit pendant la donne, n'oblige pas à refaire, attendu que, si elle ne convient pas à celui qui la reçoit, il peut l'écarter s'il joue, et qu'elle n'est pour lui ni bonne ni mauvaise s'il passe.

14. Celui qui est surpris à tricher, ou qui reprend des cartes dans son écart, fait la mouche, et ne joue plus.

LE COMMERCE.

On joue a ce jeu avec un jeu de cinquante-deux cartes; l'as est la plus forte; toutes les autres conservent leur valeur ordinaire, du roi au deux. Le nombre des joueurs peut varier de trois à douze.

MARCHE ET RÈGLES.

1. Après avoir vu qui donnera, celui qui doit mêler, bat les cartes, qu'il fait couper par celui de sa gauche; ensuite il en donne trois à chaque joueur à la ronde, en commençant par sa droite; il lui est libre de les donner l'une après l'autre, ou toutes les trois ensemble.

2. Chacun met au jeu un jeton ayant une valeur de convention.

3. Le but que se propose chaque joueur, à ce jeu, est d'avoir un point élevé, ou une séquence, ou un tricon.

4. Le point est deux ou trois cartes de même couleur; le plus fort emporte le plus

faible : une seule carte ne fait pas point. On appelle séquence ce qu'on appelle au piquet tierce, c'est-à-dire as, roi et dame ; roi, dame et valet ; dame, valet et dix ; valét, dix et neuf, et ainsi des autres, en observant toujours que la plus forte emporte celle qui l'est moins. Le tricon, c'est trois as, trois rois, trois dames, trois valets, et ainsi des autres ; le plus fort gagne.

5. Celui qui a le point le plus fort gagne, lorsqu'il n'y a point de séquence dans le jeu ou de tricon ; le tricon gagne par préférence à la séquence, et la séquence au point.

6. Celui qui mêle à ce jeu est appelé banquier, et le talon la banque.

7. Quand les cartes sont données, le banquier met le talon devant lui, et dit : qui veut commercer ? Le premier en carte, après avoir examiné son jeu, dit pour argent, ou troc pour troc : cela dépend de lui, et ainsi du second, troisième, etc.

8. Commercer pour argent ou à la banque, c'est demander au banquier une carte du talon à la place d'une autre carte qu'on lui donne, et qui est mise sous le talon, et l'on donne au banquier un jeton pour cette carte.

9. Commercer troc pour troc, c'est changer une carte avec le joueur qu'on a à sa droite, et il n'en coûte rien pour cela : ainsi chacun des joueurs l'un après l'autre, et suivant son rang, commerce jusqu'à ce qu'il ait

trouvé, ou que quelque autre ait trouvé ce qu'il cherche.

10. Celui qui le premier a rencontré le point, la séquence ou le tricon, montre son jeu, et n'est point obligé d'attendre que les autres commerçants recommencent le tour lorsqu'il est fini. Si celui qui a un certain point auquel il veut se tenir, étend son jeu avant de commercer, ceux qui viennent après lui du même tour, ne peuvent commercer, et s'en tiennent à leur jeu ; et si celui-là était premier, personne ne commercerait.

11. Lorsque l'un des joueurs a arrêté le jeu, celui de tous les joueurs qui a le plus fort point, la plus haute séquence, ou enfin le plus fort tricon, gagne, et l'on recommence un autre coup, chacun étant banquier à son tour en partant de la droite de celui qui a commencé.

12. Le banquier qui reçoit de ceux qui commercent pour argent un jeton pour chaque carte, qu'il donne du talon, ne donne rien à personne, quoiqu'il commerce à la banque.

13. S'il arrivait entre plusieurs joueurs que le point fût égal, lorsqu'il n'y aurait point de séquence ou de tricon, le banquier gagnerait la poule par préférence aux autres.

14. Le banquier qui ne donne rien pour commercer à la banque, ne laisse pas de re-

cevoir un jeton de chaque joueur qui a commercé à la banque, lorsqu'il gagne la partie.

15. Le banquier peut également, comme les autres joueurs, commercer au troc; il doit aussi fournir au joueur de sa gauche qui veut commercer au troc avec lui, une carte de son jeu sans argent.

16. Le banquier, quelque jeu qu'il puisse avoir en main, lorsqu'il ne gagne pas la poule, est obligé de donner un jeton à celui qui la gagne, parce qu'il est censé avoir toujours été à la banque.

17. Le banquier qui se trouverait avoir point, séquence ou tricon, et qui avec cela ne gagnerait pas la poule, parce qu'un autre joueur l'aurait plus haut, donnerait un jeton à chacun des joueurs : à quoi les autres joueurs ne sont pas tenus.

18. Lorsque le jeu est faux, ou que l'on a maldonné, ou qu'il y a quelque carte tournée, on refait.

L'EMPRUNT.

Ce jeu peut se jouer de trois à six personnes. A six on se sert d'un jeu de cinquantedeux cartes ; chaque joueur en reçoit huit, et il en reste quatre au talon. Si l'on joue à cinq, chacun reçoit dix cartes, et il n'en reste que deux au talon. A quatre, on réduit le jeu à quarante-quatre cartes en supprimant les as et les deux, et chacun reçoit dix cartes. A trois, on réduit les cartes à quarante en supprimant les trois, et chacun reçoit douze cartes.

La main ayant été tirée et les cartes distribuées, le premier à la droite du donneur joue une de ses cartes ; le second est obligé de jouer celle qui suit de même couleur ; s'il ne l'a pas, il l'emprunte de celui qui l'a, en lui payant un jeton pour cela ; le troisième ensuite est obligé de jouer aussi la carte suivante, ou de l'emprunter de même : le quatrième fera de même, et ceux qui suivront aussi, en allant toujours par la droite jusqu'à ce qu'il n'y en ait plus de cette couleur.

Celui qui est à la droite du joueur qui a joué la dernière carte, ou en empruntant ou de son jeu, recommence à jouer une carte de son jeu de telle couleur qu'il lui convient; on observe la même manière de jouer jusqu'à ce que l'un des joueurs se soit entièrement défait de toutes ses cartes ; le premier qui s'en est défait gagne la partie ; tout ce qu'on a mis au jeu lui appartient, et il se fait payer encore ce dont on est convenu pour les cartes qui restent en main aux autres joueurs.

Mais s'il reste au talon quelque carte de la couleur jetée, on ne peut par conséquent l'emprunter d'aucun joueur ; on la prend alors au talon, en payant au jeu ce qu'on aurait payé au joueur qui l'aurait eue.

Il y a un grand avantage à être premier à jouer, puisqu'on commence par la couleur la plus avantageuse à son jeu, où il faut absolument que l'on réponde.

LA MARIÉE.

Le nombre des joueurs, à ce jeu, peut varier de cinq à neuf. On se sert d'un jeu de cinquante-deux cartes. Sur la table sont cinq corbillons, un pour *le point*, un pour *le mariage*, un pour *le fou*, un pour *le roi*, un pour *la mariée*.

Chacun ayant mis un jeton dans chaque corbillon, le donneur, après avoir battu et fait couper, distribue cinq cartes à chaque joueur et à lui-même; puis il retourne la première carte du talon, qui indique la couleur de l'atout. Les joueurs examinent leurs cartes, afin de voir s'il s'y trouve le point, le mariage, le fou, le roi ou la mariée.

Le point est trois, quatre ou cinq cartes de la même couleur, une ou deux cartes ne font pas point. Le mariage est le roi et la dame de cœur en main. Le fou est le valet de carreau. Le roi est le roi de cœur seul. La mariée est la dame de cœur.

Ces cinq choses peuvent se trouver dans la main d'un seul joueur qui aurait, par exemple, le roi, la dame de cœur, le valet de carreau, et un ou deux autres cœurs, pour lui faire le point ; il prendrait pour ses cœurs, supposé que son point fût bon, le corbillon du point ; pour le valet de carreau, le corbillon du fou ; pour le roi de cœur, celui du roi ; et pour la dame, celui de la mariée ; et enfin pour tous les deux ensemble, celui du mariage. Lorsqu'on a quelqu'un de ces avantages séparément, on prend les mises qui leur sont destinées, en observant de montrer les cartes qui y donnent droit, ensuite chacun accuse son point, et le plus haut l'emporte, comme il a déjà été dit.

Après que le point est levé, on met au fonds chacun un jeton dans le même corbillon, et ce sont ces jetons que gagne celui qui lève plus de mains que les autres. Il faut pour le moins faire deux mains pour l'emporter ; car si les joueurs n'en font que chacun une, ce fonds demeure dans le corbillon pour servir au point le coup suivant, et si les deux joueurs avaient fait deux mains chacun, celui qui les aurait faites le premier, gagnerait.

La mariée est toujours le principal atout du jeu en quelque couleur que soit l'atout ; le roi de cœur en est la seconde, et le valet de carreau la troisième, qui ne change jamais ; les autres cartes valent leur valeur ordinaire ; et les as sont inférieurs aux valets et supérieurs aux autres cartes, comme dix, neuf, etc.

Le premier à jouer commence à jouer par

telle carte de son jeu qu'il veut, et le jeu se continue à jouer comme à la mouche, chacun pour soi, et tâchant, autant qu'il est possible, de faire deux mains et davantage, afin d'emporter le fonds.

Outre le mariage de la mariée, il s'en fait encore d'autres, comme, par exemple, lorsqu'on joue un roi de carreau, de trèfle ou de pique, et que la dame de l'une ou de l'autre de ces figures, et de la même couleur, tombe dessus, c'est un mariage, ainsi que lorsqu'ils se trouvent tous deux dans une même main.

Voici les règles précises de ce jeu.

RÈGLES.

1. S'il arrive un mariage en jouant les cartes, celui qui le gagne, reçoit un jeton de chaque joueur, excepté de celui qui a jeté la dame : si on a ce mariage en main, personne n'est excepté de payer ce jeton.

2. Celui qui gagne un mariage par atout, ne gagne qu'un jeton de ceux qui ont jeté le roi et la dame.

3. Il n'est pas permis de couper un mariage avec le roi de cœur, ni avec la dame, ni avec le valet de carreau.

4. Qui a le grand mariage en main, c'est-à-dire le roi et la dame de cœur, reçoit deux jetons de chaque joueur, en jouant les cartes, outre les corbillons qu'il a gagnés : quand on

le fait sur la table, il n'en vaut qu'un ; c'est-à-dire lorsque le roi de cœur est levé par la mariée, qui, par un privilége, à elle seulement accordé, enlève le roi de cœur.

5. On paie un jeton pour le fou, mais si indiscrètement ce fou va s'embarquer dans le jeu, et qu'il soit pris par le roi ou la dame de cœur, il ne gagne rien ; au contraire, il en paie un à celui qui l'emporte.

6. Pour faire un mariage en jouant les cartes, il faut que le roi et la dame de la même couleur tombent immédiatement l'une sur l'autre, sinon le mariage n'a pas lieu.

7. Celui qui a la dame d'un roi qui vient d'être joué et doit jouer immédiatement après, est obligé de la mettre pour faire le mariage ; autrement il paierait un jeton à chacun pour avoir rompu le mariage.

8. Celui qui, renonce, paie un jeton à chaque joueur.

9. Celui qui, pouvant forcer ou couper sur une carte jouée, ne le fait pas, paie un jeton à chaque joueur.

10. Celui qui donne mal paie un jeton à chaque joueur, et mêle de nouveau.

11. Lorsque le jeu est faux, le coup où il est découvert faux, ne vaut pas, s'il n'est achevé de jouer : mais s'il est achevé de jouer, il est bon de même que les précédents.

12. On ne doit pas jouer avant son tour, sous peine de payer un jeton à chaque joueur.

LE REVERSIS.

Le reversis se joue à quatre personnes. Chacun des joueurs doit avoir une boîte contenant des contrats et des fiches auxquels on donne une valeur de convention. Sur la table est un panier destiné à recevoir les mises. Chaque joueur met dans ce panier quatre fiches, et celui qui donne en met quatre en sus, de sorte que le total est de vingt fiches.

Lorsque le panier n'est pas gagné dans le coup, les joueurs n'y mettent rien pour le coup suivant, à l'exception du donneur qui doit toujours mettre quatre fiches pour sa donne.

On se sert d'un jeu de cartes entier (cinquante-deux cartes), dont on ôte les dix, ce qui réduit le nombre des cartes à quarante-huit.

Pour voir à qui fera, on donne à chacun des joueurs douze cartes, et celui qui a dans ses douze le valet de cœur, qu'on appelle *quinola* donne le premier, ce qui est un avantage.

On donne les cartes à droite, trois à chaque

joueur pour le premier tour, et quatre à soi, ensuite toujours quatre; en sorte que chacun des trois joueurs ait onze cartes, que celui qui donne en ait douze, et qu'il en reste trois sur la table.

Ces trois cartes s'appellent *le talon*. Elles se mettent au milieu de la table, elles servent à remplacer l'écart que chacun des trois premiers fait, ou est en droit de faire d'une de ses cartes contre une de celles qui sont sur la table.

Le premier prend la première, le second la seconde, et le troisième la troisième.

Celui qui a donné écarte aussi; mais n'ayant pas de carte à prendre, il se trouve réduit à onze cartes comme les autres.

Lorsqu'on est content de toutes les cartes de son jeu, ou que l'on craint d'en prendre une plus mauvaise que celle qu'on écarterait, on regarde la carte du talon, qu'on aurait pu prendre, et on la met à l'écart; mais on ne peut plus la mettre dans son jeu, quand on n'a pas écarté avant de la voir.

Les cartes de l'écart se placent sous le panier, afin qu'elles ne puissent pas se confondre avec les autres cartes du jeu.

Quand les quatre cartes de l'écart sont sous le panier, le premier joue ce qu'il veut, les autres fournissent chacun à leur tour de la couleur demandée, s'ils en ont, sinon telle carte qu'il leur plaît.

8*

Celui qui a mis la plus haute carte de la couleur demandée, fait la levée; il joue ensuite la carte qu'il veut, sur laquelle les autres fournissent de même chacun à leur tour dans le même ordre, et ainsi de suite jusqu'à la onzième. Il faut fournir de la couleur demandée tant qu'on en a : il n'est point permis de renoncer, à moins que l'on ait les quatre as.

Il ne faut pas confondre ensemble plusieurs levées, parce que, quand une levée n'est pas couverte et retournée, tous les joueurs peuvent demander à voir la précédente; mais on ne peut voir que celle-là.

Les cartes se comptent ainsi : l'as vaut quatre points, le rois trois, la dame deux, le valet un, les autres rien.

Il faut convenir, 1° combien on jouera de tours, l'usage est d'en jouer huit, quelquefois dix; 2° si à la fin de la partie, on partagera les bêtes, ou si l'on continuera de jouer jusqu'à ce qu'elles soient retirées. L'usage est de laisser cette décision aux perdans.

Lorsque toutes les cartes sont jouées, celui qui dans les levées, a le plus de points, paie à celui qui n'en a point, ou qui en a le moins, autant de fiches qu'il y a de points dans les cartes mises sous le panier et dans tous les cas, au moins quatre. Le quinola sous le panier compte quatre points.

En cas d'égalité de points, celui qui a le

plus de levées paie la partie : en cas d'égalité de points et de levées, c'est le premier qui paie. Par rapport au gain, lorsqu'il y a égalité de points, c'est celui qui a moins de levées qui gagne la partie; et s'il y a égalité de points et de levées, c'est le dernier qui gagne : c'est un des avantages de la place de dernier, que le troisième a sur le second, et le second sur le premier.

L'as de carreau donné en renonce est payé deux fiches à celui qui l'a placé par celui qui le reçoit, les trois autres ne se paient qu'une fiche chacun.

Mais lorsqu'on est forcé à prendre avec un as, on paie le double à celui qui a forcé de mettre cet as, c'est-à-dire, quatre fiches pour l'as de carreau, et deux fiches pour chacun des autres.

Lorsque l'on place son as en renonce duc ou à la bonne, c'est-à-dire à la dernière carte, il se paie le double, ce qui fait quatre fiches pour l'as de carreau, et deux fiches pour chacun des autres.

Et si l'as est forcé à la dernière carte, il se paie le double, c'est-à-dire huit fiches pour l'as de carreau, et quatre pour chacun des autres.

Lorsqu'on se trouve obligé de jouer ses as soi-même, ce qui s'appelle les gorger, ou lorsqu'on les joue volontairement, c'est à celui qui gagne la partie, à les demander, et on les lui paie, savoir, pour l'as de carreau deux fiches, et pour chacun des autres une fiche, à moins qu'ils ne soient joués ducs, alors ils se paient le double.

Le quinola ou valet de cœur, lorsqu'il peut être placé sur une autre carte que du cœur, vaut, à celui qui l'a placé en renonce, toutes les fiches qui se trouvent dans le panier, et en outre quatre fiches que lui donne la personne qui fait la main sur laquelle est tombé le quinola.

Et au contraire, lorsque la personne qui a le quinola est forcée de le mettre sur du cœur, elle fait la bête, c'est-à-dire qu'elle met dans le panier autant de fiches qu'il s'en trouve au moment où le quinola lui est forcé; et en outre elle paie huit fiches à la personne qui a joué le cœur sur lequel son quinola est tombé, et les deux autres joueurs paient chacun quatre fiches à celui qui a forcé le quinola, ce qui s'appelle *la consolation*.

Si le quinola est placé duc, c'est-à-dire à la dernière carte, celui qui le reçoit paie à celui qui l'a placé huit fiches.

Si le quinola est forcé duc, celui qui l'a forcé reçoit seize fiches de chacun des autres joueurs.

Si la personne qui a le quinola est obligée de le jouer, elle fait la bête, à moins qu'elle ne fasse le reversis, comme il est dit ci-après; ainsi, comme on voit, il y a trois manières de faire la bête; l'une lorsqu'on est obligé de placer son quinola sur du cœur; car, comme on l'a observé, il n'est pas permis de renoncer; sinon on ferait ce qui s'appelle la bête de renonce; l'autre, lorsqu'ayant été obligé de donner les petites cartes que l'on avait dans son jeu, on reste avec des grosses cartes qui font rentrer; en sorte que, ne pouvant plus sortir, on est obligé de jouer son quinola, ce qui s'appelle *le gorger*; et la troisième, quand on joue le quinola et qu'on ne fait pas le reversis.

Si celui qui a le quinola veut faire le reversis, il faut qu'il le joue avant les deux dernières, sans quoi il ne retirerait pas le panier, attendu qu'alors les deux dernières cartes sont nulles.

Lorsqu'il y a plusieurs bêtes ducs à la fois (on doit avoir soin de les écrire), c'est toujours la plus grosse que l'on met au panier la première, car on ne les met point toutes ensemble, mais l'une après l'autre, à mesure qu'elles se retirent.

Lorsqu'il n'y a plus de bêtes, on refait le panier, c'est-à-dire que chacun des joueurs met quatre fiches, et celui qui fait, en met huit.

On appelle faire le reversis, lorsque l'on fait toutes les levées sans exception.

Celui qui a fait le reversis se fait payer seize fiches par chacun des autres joueurs, et restituer celles qu'il a payées pour les as, même les quatre fiches du quinola, s'il l'a reçu et payé.

Le reversis est entrepris, quand les neuf premières levées sont faites par le même joueur ; alors il n'est plus question de la partie. S'il ne fait pas les deux dernières, le reversis est rompu ; et il paie à celui qui le lui a rompu, c'est-à-dire qui le premier dès trois autres a fait l'une des deux dernières levées, seize fiches.

Lorsque le reversis est entrepris, les deux dernières levées sont franches. Tous les as, même le quinola, joués, gorgés, forcés, ou donnés en renonce dans ces deux dernières levées, ne se paient ni ne sont payés.

Lorsqu'on a le quinola, et qu'on fait le reversis, on gagne le contenu du panier, pourvu qu'on ait joué son quinola à l'une des neuf premières levées, soit de son propre mouvement, soit en prenant du quinola la première levée. Alors non-seulement on se fait rendre les huit fiches du quinola forcé à la première levée, mais encore on se fait payer le reversis par chacun des autres joueurs, c'est-à-dire seize fiches.

Si l'un des joueurs, ayant joué son quinola, et fait les neufs premières levées, ne fait pas les deux dernières, il fait la bête de ce qui est dans le panier, et paie à celui qui lui a rompu le reversis seize fiches pour le *reversis rompu.*

Quand un des joueurs a fait neuf levées, et qu'il lui reste le quinola, il ne peut plus gagner le contenu du panier, ni faire la bête, soit qu'il fasse le reversis, soit qu'on le lui rompe ; le quinola redevient alors, dans quelque main qu'il se trouve, un valet ordinaire.

Lorsqu'un des joueurs a les quatre as dans son jeu, après avoir écarté ou laissé sa carte à l'écart, il est libre de renoncer quand il veut ; mais si l'un des joueurs fait le reversis, celui qui avait les quatre as, le paie seul, tant pour lui que pour es autres, c'est-à-dire qu'il lui en coûte quarante-huit fiches.

RÈGLES.

1. Si un joueur prend sa carte sans avoir écarté, le coup est nul.

2. Le premier qui doit jouer, doit vérifier si tous les joueurs ont mis au panier, sinon il paie dans le panier pour ceux à qui il n'a pas fait mettre pendant que celui qui est à sa gauche donne les cartes.

3. On ne peut reprendre sa carte lorsqu'elle est à l'écart.

4. Si à la fin du coup on s'aperçoit qu'il y a eu erreur dans l'écart, soit parce qu'un

des joueurs n'aurait pas écarté, ou aurait écarté deux cartes, le coup est nul et se recommence.

5. Quand on a coupé, il n'est plus temps de demander le paiement des as ni du quinola joués ou gorgés, ni la partie, ni de prendre le panier, si l'on a placé le quinola, et qu'on ait oublié de le prendre sur-le-champ. De même, si l'on a refait le panier en oubliant d'y faire mettre une bête due, et que l'on ait écarté pour le coup suivant, celui qui la devait est quitte.

6. Celui qui jette son jeu croyant faire le reste des mains, est censé faire le reste, quand même un autre joueur serait forcé par son jeu de prendre, attendu que celui qui jette son jeu consent à faire le reste des mains, et doit payer aux autres joueurs les as ou quinola *que l'on met alors ducs, quand même on n'aurait pas eu jeu de les placer ainsi;* ce qui n'a pas lieu s'il s'agissait d'un reversis : alors, celui qui pourrait rompre obligerait celui qui jette son jeu de le reprendre et de jouer ses cartes l'une après l'autre.

7. Quand un joueur, croyant gagner la partie, ou voulant favoriser celui qui la gagne, demande le quinola joué ou les as avant que celui qui la gagne les ait demandés, il les paie pour ceux qui les doivent.

8. Lorsqu'on s'est trompé en donnant, ou qu'il y a une carte retournée dans le jeu,

on recommence avec celui des deux jeux que demande celui qui perd le plus.

9. Il est toujours permis de demander, avant de jouer sa carte, que celles déjà jouées soient mises dans l'ordre dans lequel elles ont été jouées, même de les y mettre; mais il n'est pas permis de le faire remarquer à ceux qui ne le demandent pas.

10. Il l'est aussi de demander à celui qui renonce pour la première fois, s'il n'a pas de la couleur demandée, pour éviter une distraction qui cause toujours du désagrément. On peut avertir celui qui relève une main qui n'est pas à lui, mais on n'y est pas obligé.

11. Lorsqu'on s'aperçoit de soi-même qu'on renonce, et que l'on reprend sa carte sur-le-champ, on n'est pas obligé de relever la main, quoiqu'on le puisse ; celui qui avait fourni après la renonce est libre de jouer différemment.

12. Si celui à qui on prouve à la fin d'un coup qu'il a renoncé, en pouvant faire la main, avait le quinola, il ne peut en être payé ni gagner le panier, à moins qu'il ne l'eût placé avant sa renonce, et il ne peut gagner la partie ; et s'il avait renoncé à cœur pour sauver son quinola, il serait obligé de faire la bête et de payer à celui qui le lui aurait forcé.

13. Si celui qui a placé le quinola oublie de prendre le contenu du panier avant qu'on ait coupé pour le coup suivant, il le perd.

14. Il est toujours permis de regarder dans ses propres levées ; mais on ne peut voir dans celles de ses adversaires que la dernière faite, lorsque la suivante n'est pas couverte. On peut arrêter une levée complète qui est encore sur le tapis, pour demander à voir la précédente ; mais on ne doit pas la prendre soi-même dans le jeu de l'adversaire. Si elle était mêlée avec les précédentes, il serait obligé de les montrer toutes.

15. Lorsqu'il y a du doute sur la perte ou sur le gain de la partie, parce qu'un ou plusieurs joueurs ont confondu leurs levées ensemble ou avec l'écart, ce sont toujours ceux qui ont conservé leurs levées distinctes qui la gagnent ou ne la perdent pas.

16. Quand on se trompe de couleur ou de personne en demandant les as joués, le paiement n'en est pas dû.

LA BOUILLOTTE.

Le nombre des joueurs, à une partie de bouillotte, peut varier de quatre à huit; mais le plus ordinairement ce nombre est de cinq. On se sert, pour cette partie, d'un jeu de vingt-huit cartes, c'est-à-dire d'un jeu ordinaire de piquet, moins les sept. L'as est supérieur au roi, et compte onze dans le point; viennent ensuite le roi, qui compte dix; la dame, dix; le valet, dix; le dix, dix; le neuf, neuf; le huit, huit.

1. La première opération consiste à tirer les places; pour cela un des joueurs prend cinq cartes différentes, roi, dame, valet, dix, neuf; il les mêle, et chacun en tire une. Celui qui a le roi donne le premier, et les autres se placent à sa droite dans l'ordre hiérarchique des cartes tirées.

2. Chacun ayant devant soi une égale quantité de fiches et de jetons dont la valeur a été fixée d'un commun accord, met un jeton au jeu, puis le donneur mêle les cartes, fait couper par son voisin de gauche; il distribue ensuite, une à une, trois cartes à chaque joueur

et à lui-même, et, cette distribution faite, il retourne la carte de dessus du talon.

3. Le joueur placé le plus près de la droite du donneur parle le premier, à moins qu'il ne soit *carré*. Se carrer, c'est mettre au jeu, avant la distribution des cartes, autant de jetons qu'il y en a, plus un. Ainsi le premier à la droite du donneur peut dire, en mettant six jetons : *je me carre.* Alors au lieu d'être obligé de parler le premier, il ne parle que le dernier, ce qui est un avantage, et si tout le monde passe, le total des mises lui appartient. — Le second peut décarrer le premier en se carrant d'un jeton en plus. — Le premier à la droite du donneur, s'il n'est pas carré, doit dire, après avoir vu son jeu, s'il passe, s'il voit le jeu seulement ou s'il le voit avec une augmentation de tant de jetons ou fiches.

4. *Passer*, c'est déclarer qu'on ne jouera pas le coup ; *voir le jeu simplement*, c'est dire qu'on le jouera sans augmentation ; jouer avec tant de jetons ou de fiches en plus, c'est *relancer*. Celui qui le premier dit qu'il verra le jeu ou qui propose au-dessus, *ouvre le jeu.*

5. Le joueur le plus voisin de celui qui ouvre le jeu peut passer, tenir simplement le jeu ouvert, ou relancer celui qui l'a ouvert en proposant une somme supérieure à celle d'ouverture. Le relanceur peut être relancé à son tour par le joueur suivant, et même ceux qui ont passé avant que le jeu ait été ouvert peu-

vent revenir, tenir la somme proposée et même relancer.

6. Si personne ne tient la somme proposée par le dernier relanceur, ce dernier gagne tout ce qui est au jeu, et tout ce que les autres relanceurs ont proposé de jouer. Si, au contraire, la dernière relance est tenue par un ou plusieurs joueurs, chacun abat ses cartes; et les tenants choisissent dans les cartes de ceux qui ont passé celles qui peuvent augmenter leur point, la plus forte carte attirant celles de même couleur. Ainsi un tenant qui a l'as de trèfle peut prendre les trèfles qui sont dans les jeux des autres, etc. Lorsque chacun des tenants a fait son choix, on compte les points, et celui qui a le plus fort gagne; en cas d'égalité, le gagnant est celui qui se trouve le plus près à la droite du donneur.

7. Il y a pourtant des chances qui l'emportent sur les plus forts points; ce sont les brelans. Un brelan se compose de trois cartes semblables, comme trois as, trois rois, etc., le plus fort l'emportant sur le plus faible; ce sont les *brelans simples*, lesquels sont inférieurs au brelan carré. Le brelan carré consiste en trois cartes semblables à celle de la retourne; ainsi s'il retourne une dame, par exemple, et qu'un joueur ait les trois autres dames en main, il l'emporte sur tout.

8. Le tenant qui gagne avec un brelan simple, reçoit, en outre de la somme conve-

nue, deux jetons de chaque joueur, il en re-
çoit quatre s'il gagne par brelan carré.

9. Le joueur qui a passé avant que le jeu
ait été ouvert, peut revenir et relancer; mais
s'il a passé après l'ouverture, il ne peut plus
ni tenir ni relancer.

10. Un joueur, en aucun cas, ne peut jouer
plus qu'il n'a devant lui. Ainsi, par exemple,
un relanceur offrant de jouer cinq fiches, ce-
lui qui n'en a plus que deux ou trois peut te-
nir, mais en cas de gain, il ne gagne qu'autant
qu'il a devant lui, quelle que soit la somme
jouée. Cela s'appelle *faire son va-tout.*

11. Un joueur qui a perdu tout ce qu'il
avait devant lui, est *décavé.* Alors il quitte le
jeu pour céder sa place à une autre personne,
si cela a été convenu, ou bien il se *cave* d'une
nouvelle somme, et il continue à jouer.

12. Lorsqu'un joueur a ouvert le jeu, et
qu'on le relance, il peut relancer à son tour;
mais si l'on s'est borné à tenir ce qu'il a pro-
posé, il ne peut rien y ajouter.

13. Lorsque tous les joueurs passent, cha-
cun remet un jeton au jeu et l'on recommence;
la mise se trouve ainsi doublée; ce qui n'a-
mène aucun changement.

14. Ainsi qu'il est dit plus haut, on peut, en
ouvrant le jeu, dire que l'on joue sans plus,
c'est-à-dire qu'on ne veut jouer que ce qui est
au jeu; mais en aucun cas on ne peut jouer
au-dessous.

15. Quiconque, étant relancé, ne veut pas tenir la somme dont il est relancé, paie celle qu'il a offerte.

Nota. Les autres règles de la bouillotte sont celles communes à tous les jeux aux cartes.

Cartes vues, cartes rebattues ; — qui fait maledonne perd la main ; — si le jeu de carte est incomplet, le coup pendant lequel on s'en aperçoit se recommence ; mais tous ceux qui ont été consommés sont bons.

LA TONTINE.

La tontine se joue ordinairement à dix, douze et même quinze personnes; mais le nombre peut en être réduit à quatre.

Chacun aya devant soi un égal nombre de jetons d'une valeur déterminée, on tire la main. Le jeu doit être composé de cinquante-deux cartes; puis, chaque joueur ayant mis dans un corbillon trois jetons, le donneur, après avoir battu et fait couper, donne à chacun une carte découverte, et il en prend également une pour lui.

Le joueur qui reçoit un roi prend trois jetons dans le corbillon; pour une dame, on en prend deux; pour un valet, un; celui qui a un dix ne prend rien et ne paye rien; celui qui a un as, donne à son voisin de gauche un jeton; celui qui se trouve avoir un deux, en donne deux à son second voisin à gauche; et celui qui a un trois, en donne trois à son troisième voisin à gauche : à l'égard de celui qui a un quatre, il met deux de ses jetons au corbillon, un cinq y en doit un, un six deux, un sept un, un huit deux,

et un neuf un : on observe exactement de
payer, et de se faire payer; après quoi le
joueur à la droite de celui qui a mêlé, ramasse
les cartes et mêle. Le coup se joue de la
même sorte, et chacun mêle à son tour.

Celui qui a perdu tous ses jetons est
mort : mais ce n'est pas à dire qu'il ait
perdu entièrement espérance, puisqu'il peut
revivre par le moyen de l'as que son voisin
à droite peut avoir, et qui lui procure un je-
ton, ou par un deux que son second voisin à
droite peut avoir, qui lui en vaudrait deux,
ou bien par un trois que son troisième voisin
à droite peut avoir, et qui lui en vaudrait trois.

Un joueur avec un seul jeton joue, comme
celui qui en a encore dix ou douze; et s'il
perd deux jetons ou trois d'un coup, en don-
nant celui qu'il a, il est quitte.

Les joueurs qui sont morts, n'ont point
de cartes devant eux, ni ne mêlent pas, en-
core que leur tour vienne, que lorsqu'on
les a fait revivre, auquel cas ils jouent de
nouveau; et celui enfin qui seul reste avec
quelques jetons, est celui qui gagne la partie,
et tout ce que contient le corbillon lui ap-
partient.

LE WISTH.

On joue le wisth à quatre, deux contre deux, avec un jeu de cinquante-deux cartes. Le jeu étant étendu sur le tapis, chacun des joueurs tire une carte. Les deux joueurs qui ont les deux plus hautes sont associés, de même que les deux joueurs qui ont les deux plus basses. Si plusieurs des cartes tirées sont de même valeur, ceux qui les ont recommencent.

On joue ordinairement en partie liée, c'est-à-dire que, pour gagner définitivement, il faut gagner deux parties sur trois ou les deux premières de suite. Ces deux parties se nomment *robre*.

Quand on tire pour l'association, l'as est la carte la plus faible ; en jouant, elle est la plus forte, et passe avant le roi.

La valeur des fiches ayant été fixée, et les joueurs s'étant placés de manière à ce que les associés soient en face l'un de l'autre, le donneur fait couper à sa droite, puis il donne les cartes une par une, en commençant par sa gauche, de manière à ce que les trois joueurs qu'il sert aient chacun treize cartes ; lui, le donneur, n'en a que douze, parce qu'il faut qu'il retourne la dernière, qui indique la couleur de l'atout ; mais cette dernière, il la prend ensuite.

Le joueur placé le plus près de la gauche du donneur joue le premier, et les autres jouent successivement sur cette carte, toujours par la gauche.

L'important est de faire le plus de levées possible. Faire six levées s'appelle faire le devoir ; chaque levée que l'on fait au-dessus de six se nomme trick, et compte un point ; celui qui le premier fait dix points a gagné.

Les points ne se font pas seulement par les levées ; on en fait en outre par les *honneurs*, qui sont l'as, le roi, la dame et le valet d'atout. Quatre honneurs valent quatre points ; trois honneurs n'en valent que deux. Lorsqu'on est arrivé à neuf points, on ne peut plus compter les honneurs. Les honneurs des deux associés peuvent se réunir et être comptés.

Lorsqu'un joueur a huit points, et qu'entre lui et son associé ils ont trois honneurs, ils ont gagné.

La partie se gagne simple ou double ou triple. Elle est simple si les perdants ont pris au moins cinq points ; elle est double s'ils n'en ont pris que quatre ; s'ils en ont pris moins de quatre ou point du tout, elle est triple. La partie simple se paye une fiche ; la partie double, deux fiches ; la partie triple, trois fiches. Les perdants payent en outre deux fiches de consolation par robre.

Lorsqu'il a fallu jouer trois parties pour faire le robre, les adversaires déduisent de ce qu'ils ont à payer les fiches que leur a valu celle des trois parties qu'ils ont gagnée.

Lorsque deux associés font toutes les levées, ce qu'on appelle faire *chelem*, ils gagnent huit fiches.

A cette marche du wisth, qui ne peut être parfaitement comprise que par la pratique, nous ferons suivre les règles à observer.

RÈGLES.

1. Quand un des joueurs joue avant son tour, le parti adversaire peut l'obliger à laisser la carte jouée; mais si cette carte avait fait commettre une erreur au joueur suivant, ce dernier peut relever la carte qu'il a jouée. Si, un joueur ayant joué avant son tour, les quatre cartes sont tombées sans réclamation, la faute est couverte, et le coup est bon.

2. S'il arrive que le troisième joueur joue avant le second, le quatrième, qui est l'associé du second, peut jouer avant ce dernier, qui est son associé. Si le quatrième joue alors que c'est au second à jouer, le parti adverse peut obliger le second à jouer la plus haute ou la plus basse carte qu'il se trouve avoir de la couleur demandée. S'il n'avait pas de cette cou-

leur, on pourrait l'obliger à couper ou l'en empêcher.

3. Lorsqu'un joueur tire une carte hors de son jeu avant que son tour de jouer soit venu, on peut l'obliger à montrer cette carte.

4. Lorsqu'un joueur renonce alors qu'il a de la couleur demandée, le parti adverse gagne trois points, qu'il peut marquer ou qu'il peut faire démarquer au parti qui a fait la faute; mais pour que la renonce soit consommée, il faut que la levée soit faite et mise en place. Tant que cette levée est à découvert sur le tapis, celui qui a renoncé à tort est reçu à reprendre sa carte et à en mettre une autre. L'associé de celui qui renonce a le droit de lui demander, avant que la levée soit mise en place, si ce n'est pas par erreur qu'il renonce.

5. Lorsque deux associés dont l'un a renoncé à tort se trouvent avoir fait, à la fin du coup, assez de points pour gagner la partie, ils ne la gagnent point, et restent à neuf points; s'ils sont *chelem* (la vole), ils ne comptent que leurs levées.

6. Si, dans le même coup, deux adversaires faisaient la faute de renonce, le coup serait nul, et ne s'achèverait pas.

7. Un joueur ne peut demander, dans le cours du coup, quelle est la carte qui a retourné pour indiquer l'atout; mais il peut exiger qu'on lui en dise la couleur.

8. Tant qu'une levée n'a pas été mise en

place, un joueur peut l'examiner, et même demander quelle est la carte fournie par chaque joueur, et on ne peut refuser de le satisfaire.

5. Lorsqu'un joueur jette deux cartes au lieu d'une, les adversaires choisissent celle qu'il leur convient qui soit jouée, et en outre ils peuvent obliger l'auteur de l'erreur à jouer le reste du coup à jeu découvert.

10. Si, avant de jouer, un joueur s'aperçoit qu'il lui manque une carte, on refait; mais si, lorsqu'il s'en aperçoit, il y a eu une levée faite, et que chacun des autres joueurs ait le nombre de cartes voulu, le coup se joue. Alors celui qui joue avec douze cartes, ne peut faire la dernière levée, ni par conséquent faire chelem. Toutefois, si la carte qu'un joueur a de moins se trouve en plus dans la main d'un autre joueur, le coup serait nul alors même qu'il y aurait eu des levées de faites. Enfin, si la carte manquante avait été jetée par mégarde dans les levées, celui à qui elle manquerait subirait toutes les peines portées pour la renonce.

11. Si un joueur, se croyant certain de gagner, mettait les cartes à découvert sur la table, le parti adverse pourrait l'obliger à jouer ses cartes dans l'ordre qu'il lui prescrirait. Il en serait de même si un joueur mettait ses cartes à découvert croyant avoir perdu.

LE BOSTON.

RÈGLES GÉNÉRALES.

1. Ce jeu se joue à quatre personnes qui doivent avoir chacune un panier, composé de 120 fiches au moins et de 300 au plus, et une corbeille pour la mise du joueur.

2. On tire au premier roi pour savoir à qui donnera ; il faut des cartes entières ; il y a honneur : les as sont au-dessus des rois, les rois au-dessus des dames, etc.

3. On donne toujours les cartes par trois ou par quatre.

4. La corbeille doit toujours être complète ; quand celui qui est chargé de ce soin, et c'est toujours le premier, l'oublie, il en répond et est obligé de fournir ce qu'il y manque.

5. Quand on joue au boston, on a ordinairement un associé ou soutien.

6. Pour gagner la corbeille, on doit faire huit levées ; celui qui demande doit en faire cinq et le soutien trois.

7. Si cependant le premier ne faisait que quatre levées, et que son soutien en fît le même

nombre, ou si le premier en faisait six, et son soutien deux, la corbeille se partage également ; car il est d'usage de laisser à son partner des levées que l'on pourrait faire.

8 Quand on ne peut compléter ses huit levées, on fait la bête, et on doit mettre ce qui reste dans la corbeille ; on paye aux adversaires autant de fiches qu'on a perdu de levées ; on donne à la première levée une fiche de plus, par forme de consolation.

9. Le payement se fait également par les deux joueurs.

10. On ne doit pas désigner la couleur que l'on désirerait que son associé jouât, soit par paroles ou par signes, parce que les autres joueurs pourraient abandonner la partie.

MANIÈRE DE JOUER CE JEU.

Celui qui se trouve à droite du distributeur parle le premier, s'il a de quoi faire cinq levées dans une couleur, il dit : je demande, en nommant seulement la couleur ; celui qui a de quoi en faire trois, dit : je soutiens, en observant toutefois de ne parler qu'à son tour ; cette observation est de rigueur.

Si le premier n'a pas de quoi jouer, il dit : je passe ; ensuite, si le second ne peut jouer, il en dit autant, et ainsi de suite.

Si le premier demande en pique, qui est la couleur la plus basse, le second peut demander en trèfle, le troisième en carreau et le quatrième en cœur ; n'ayant pas alors de soutien, il n'est forcé à faire que cinq levées.

La couleur demandée donne l'atout.

Celui qui a dit une fois *je passe*, ne peut plus demander ; si au contraire, il a dit : *je demande* et prétend s'être trompé, il est forcé à jouer.

Lorsque les quatre joueurs passent, la corbeille passe alors de droit au joueur suivant, qui y ajoute la mise convenue.

Si un des joueurs demande à jouer seul, et l'emporte sur les autres joueurs, il est alors obligé de faire six levées ; ce cas particulier se nomme petite indépendance ; il y a aussi la grande indépendance qui force à huit levées.

Il faut observer que les trois premiers joueurs ayant passé, si le dernier demande, l'un des trois autres peut revenir pour soutenir seulement.

Quand il y a plusieurs bêtes, elles viennent alternativement, s'il n'y a pas de convention contraire ; les plus fortes doivent être mises les premières.

Il est expressément défendu de relever aucune des cartes jouées pour s'assurer de celles qui sont passées ; il est permis de demander à voir la dernière levée, si la suivante est encore sur le tapis.

Il est expressément défendu de montrer ses cartes ou de jouer avant son tour, car on peut forcer à jouer l'indépendance de la couleur montrée.

Rien ne force un joueur à couper, quand il n'a pas la couleur demandée ; il doit se défaire de ses basses cartes ; on ne peut reprendre une carte jouée.

Si un joueur, ayant de la couleur demandée, n'en fournit pas, les autres joueurs peuvent le forcer à en jouer, sous peine de renonce ; son associé ne participe en rien à cette peine.

Si un joueur, espérant faire le reste des levées, met son jeu à découvert, il est forcé à faire toutes les levées ; dans le cas contraire, toutes ses cartes ainsi que celles de son soutien, s'il en a un, appartiennent aux autres joueurs.

Celui qui renonce volontairement ne peut ni gagner, ni faire perdre son associé, ni les autres joueurs ; il est responsable de tout, et quand même, avec son associé, il ferait huit levées ou plus, non-seulement il ne gagne rien, mais encore il empêche son associé de gagner ; la corbeille reste, il paye seul la bête pour sa renonce.

Il en est de même pour le joueur qui ne demandant pas renoncerait et ferait six levées avec son associé ; il est responsable de tout, et ni l'un ni l'autre ne reçoivent rien des perdants ; la corbeille reste, et le renonçant la double.

S'il ne fait que cinq levées, la corbeille se prend puisqu'elle est gagnée, malgré sa renonce, et il paye la bête à la corbeille par autant de fiches qu'elle en contenait.

S'il y a eu plusieurs renonces, il faut payer autant de bêtes qu'il y a eu de renonces.

Si le coup est gagné par l'indépendance, celui qui a renoncé paye la bête à la corbeille et ensuite le coup et la consolation, tant pour ses associés que pour lui.

Si l'indépendance perd, celui qui a renoncé ne reçoit rien du perdant; la corbeille reste, il la double ; ensuite il paye à ses associés ce que le joueur d'indépendance qui a perdu aurait dû leur payer.

Si c'est le joueur d'indépendance qui a renoncé et qui gagne le coup, la corbeille reste, il ne reçoit rien et paye la bête.

Si le joueur d'indépendance renonce et perd le coup, il paye à la corbeille une première bête, et lorsqu'elle est gagnée , il en ajoute une seconde pour sa renonce,

On appelle honneurs, l'as, le roi, la dame, et le valet; ils se payent en dehors, c'est-à-dire que si les demandants gagnent avec, on leur paye une fiche , pour chacun d'eux, et au contraire s'ils perdent, ils sont obligés de les payer à leurs adversaires.

Lorsqu'on fait plus de huit levées, les adversaires doivent payer autant de fiches qu'il y a de levées au-dessus de huit.

Lorsque les honneurs sont égaux, c'est-à-dire lorsque les demandants et leurs adversaires en ont chacun deux, ils ne se payent pas.

Chaque joueur qui avant de jouer aura cartes blanches recevra dix fiches de chaque joueur.

Quand un joueur fait seul toutes les levées, il fait le coup nommé boston.

Le boston seul a lieu, lorsqu'un joueur fait à lui seul toutes les levées; il prend la corbeille, et reçoit le nombre de fiches indiqué plus loin.

Le boston sur table, qui est le plus beau coup et qui se paye le plus cher, se joue sur table et à découvert, c'est-à-dire que le joueur étale ses cartes et que les autres jouent dans son jeu afin de le faire perdre; ce coup est extrêmement rare.

DES MISÈRES.

Il y a deux sortes de misères : la petite et la grande; la petite se joue en écartant une carte et la mettant au talon, et la grande en conservant toutes ses cartes; dans l'un et l'autre coup, il ne faut pas faire de levées.

Le coup de misère a lieu au jeu de boston dans les quatre couleurs; on appelle avoir misère, lorsqu'un joueur n'a que les plus basses cartes.

La misère cependant peut avoir lieu avec des honneurs, lorsque ceux-ci sont accompagnés de plus petites cartes.

Exemple : deux, trois, cinq, huit, valet, roi.

Pour bien jouer la misère il faut avoir soin de donner toujours de la même couleur tant que celui qui la fait ne renonce pas.

La misère est très difficile avec l'as, et elle est

perdue indubitablement si on ne renonce pas, car alors on doit s'en défaire de suite.

Lorsqu'on joue la petite misère, tous les joueurs mettent une carte au talon ; il faut avoir soin de toujours écarter la plus forte de la couleur dont on a le moins, surtout si c'est un honneur.

Ce coup est très agréable et demande beaucoup d'attention.

La grande misère se joue de la même manière.

Le piccolo se joue de même que la grande misère ; on n'écarte pas, mais il faut faire une levée, sinon on fait la bête.

La misère des quatre as se fait en n'écartant pas ; il ne faut faire aucune levée ; on doit renoncer jusqu'à la dixième carte ; après quoi, si l'on a de la couleur, on ne peut renoncer, et si l'on fait une levée, on fait la bête ; il est donc essentiel de conserver des basses cartes pour les trois dernières levées ; celui qui joue la misère pour ne pas faire de levées, et les autres afin de lui faire prendre la main aux dernières levées.

RÈGLES DU JEU DE BOSTON.

1. Quand on fait le chelem ou boston à deux, le chelem se paye ainsi que la petite misère, la demande et les honneurs.

2. L'indépendance enlève la demande simple ; la petite misère enlève la petite indépendance,

11

quand on ne la demande pas dans une couleur inférieure ; c'est-à-dire que lorsque l'on demande indépendance en trèfle, la petite misère doit avoir lieu en trèfle, ou en cœur, et ne peut avoir lieu en pique.

3. La demande pour sept levées, enlève la petite misère.

4. Le piccolo enlève la demande pour sept levées quand on ne la demsnde pas dans une couleur inférieure ; la demande pour huit levées, ou grande indépendance, enlève le piccolo.

5. La grande misère enlève la demande pour huit levées pourvu qu'on ne la demande pas dans une couleur inférieure ; la demande pour neuf levées enlève la grande misère.

6. La misère des quatre as enlève la demande pour neuf levées ; la demande pour dix levées enlève la misère des quatre as.

7. La petite misère sur table enlève la demande pour dix levées, pourvu qu'on ne la demande pas dans une couleur inférieure.

8. La petite misère sur table se fait en écartant une carte et en ne faisant aucune levée ; il n'y a que celui qui la joue qui ait son jeu sur la table.

9. La grande misère sur table se joue de la même manière que la petite misère, excepté qu'on n'écarte pas.

10. La demande pour onze levées enlève la petite misère sur table.

11. La grande misère sur table enlève la de—

mande pour onze levées, pourvu qu'on ne la demande pas dans une couleur inférieure.

12. La demande pour douze levées enlève la grande misère sur table.

13. Le boston seul, c'est-à-dire la demande de toutes les levées, enlève la demande pour douze levées.

14. Le boston sur table enlève le boston seul ; de même, qu'aux misères sur table, il n'y a que celui qui joue qui ait son jeu sur la table.

15. Ce qu'il y a à chercher, c'est de mettre à la bête ses adversaires, et pour cela il faut faire bien attention et ne pas faire de fausses invites à son partner ; on appelle invite les basses cartes du jeu depuis deux jusqu'à cinq ; ainsi si vous n'avez pas de fortes cartes il faut jouer d'un neuf ou d'un dix, afin de faire voir à votre partner que vous ne pourriez lui répondre dans cette couleur s'il vous attaquait.

16. On ne doit jouer l'as que soutenu du roi, car sans cela, ce serait assurer une levée dans la main du joueur.

17. On ne doit pas faire d'invite si on a l'as.

18. On doit toujours attendre sur cette couleur, surtout si on a la dame, car il est presque certain que vous les ferez tous les deux ; si vous avez le roi trois ou quatrième, faites invite, parce que si votre partner a l'as, il doit le mettre, à moins qu'il ne le prenne d'une moindre.

19. Si vous avez roi et dame quatrième, il faut jouer du roi, votre partner ne mettant pas l'as

s'il l'a, et vous donnant, en jouant d'un petit ou second, la facilité de faire trois levées dans cette couleur.

20. On peut jouer aussi un *singleton* (on appellé ainsi une carte seule); c'est le jeu lorsqu'on n'a que de petits atouts qui ne peuvent faire de tort au joueur; si on l'a seul, il vaut mieux le jouer que de l'employer en coupe.

21. Il ne faut jamais forcer sur la carte de l'adversaire lorsque le partner est après, parce que c'est à lui à mettre ce qu'il a de plus fort, à moins que l'on n'en mette une au-dessus des siennes, car alors il devrait donner un petit.

22. Le boston se joue encore à trois personnes, en retirant une couleur, la plus basse, le pique.

PAYEMENTS

DU BOSTON DE FONTAINEBLEAU.

COULEUR.....

Cinq levées seules, ou huit levées à deux............	4	8	12	16
Trois honneurs............	3	6	9	12
Quatre honneurs............	4	8	12	16
Chaque levée en sus.........	1	2	3	4
Chelem ou Boston à deux.......	50	100	150	200
Six levées ou petite indépendance.	6	12	18	24
Trois honneurs............	4	8	12	16
Quatre honneurs............	6	12	18	24
Chaque levée en sus.........	2	4	6	8
Petite misère,............	16	32	48	64

Sept levées.	9	18	27	36
Trois honneurs.	6	12	18	24
Quatre honneurs.	9	18	27	36
Chaque levée en sus.	3	6	9	12
Picolo ou piccolissimo.	24	48	72	96
Huit levées ou grande indépen-dance.	12	24	36	48
Trois honneurs.	8	16	24	32
Quatre honneurs.	12	24	32	48
Chaque levée en sus.	4	8	12	16
Grande misère. . . , ...	32	64	96	128
Neuf levées.	15	30	45	60
T ois honneurs.	10	20	30	40
Quatre honneurs.	15	30	45	60
Chaque levée en sus.	5	10	15	20
Misère des quatre as.	40	80	120	160
Dix levées.	18	36	54	72
Trois honneurs.	12	24	36	48
Quatre honneurs.	18	36	54	72
Chaque levée en sus.	6	12	18	24
Petite misère sur table.	48	96	144	192
Onze levées.	21	42	63	84
Trois honneurs.	14	28	42	56
Quatre honneurs.	21	42	63	84
Chaque levée en sus.	7	14	21	28
Grande misère sur table.	56	112	168	224
Douze levées.	24	48	72	96
Trois honneurs	16	32	48	64
Quatre honneurs.	24	48	72	96
Chaque levée en sus.	8	16	24	32
Boston seul	100	200	300	400
Boston sur table.	200	400	600	800

DE L'AMBIGU.

Pour jouer à l'ambigu , on prend un jeu de cinquante-deux cartes, dont on ôte les figures, et dont on compte les points, simplement sur ce qu'ils sont marqués, un dix pour dix et un as pour un, etc.

On joue à l'ambigu depuis deux joueurs jusqu'à six ; le jeu est gracieux à cinq ou six joueurs.

Chaque joueur prend un certain nombre de jetons que l'on fait valoir autant qu'on le veut ; on marque le temps ou les coups que l'on veut jouer.

Celui qui perd la partie peut se retirer avant le temps marqué , quand même un ou deux perdants auraient quitté , etc.

Quand on marque le nombre des coups que l'on doit jouer , tous les joueurs doivent jouer jusqu'à ce que la partie soit finie.

Après toutes les conventions , on voit, à la plus haute carte, qui donnera ; après, quoi celui qui est à mêler, ayant battu les cartes et fait couper, distribue à chaque joueur deux cartes l'une après l'autre ; quand chaque joueur a vu son jeu, il voit s'il a un jeu d'espérance ; et s'il l'a tel qu'il puisse espérer, ou le point ou la prime, ou la séquence ou le tricon, ou le flux, ou deux de ces avantages, ou enfin le fredon, il doit s'y tenir ou dire *je passe* ; il doit alors écarter une ou deux de ses cartes, et celui qui a les cartes à la main lui en donne autant qu'il en a écarté, et ainsi des autres.

Ceux qui, dès les premières cartes, ont lieu d'espérer quelque chose d'avantageux, disent *boster*, et mettent au jeu un ou deux jetons, selon les conventions.

Celui qui fait prend aussitôt le talon, bat derechef les cartes, donne à couper, et, sans toucher aux cartes, distribue de la même manière deux cartes à chaque joueur, ce qui en fait quatre.

On examine encore si on a un jeu d'espérance, ou tout formé ; en ce cas on s'y tient, sinon on dit *je passe* ; si tous les autres font de même, le dernier, qui est celui qui a les cartes, met deux jetons au jeu, outre ceux que chacun avait mis pour faire la poule et ceux qu'on avait mis pour faire battre, et oblige par ce moyen tous les autres à garder leur mauvais jeu.

Il faut remarquer que si quelqu'un des joueurs a beau jeu, ou qu'il espère l'avoir par la disposition de ses quatre cartes, ou que le dernier ne veuille point mettre les deux jetons dont on a parlé, il dit : *va*, de deux, trois ou quatre jetons, ou plus, et si personne n'y tient, il lève la mêle, et le dernier, outre cela, lui donne deux jetons, à moins que le dernier ne fasse lui-même *la vade*.

S'il arrive qu'il y ait deux ou trois joueurs qui tiennent *la vade*, chacun d'eux écarte à son tour ce qu'il veut de cartes, ou point s'il le veut, sans qu'il lui soit permis, néanmoins, pour cette fois, de revenir sur les joueurs qui tiennent *la vade*, avant qu'ils aient écarté, et qu'on leur ait donné au plus quatre à chacun pour la dernière fois.

Lorsque tous les écarts sont finis, chacun parle selon son rang ; s'il ne lui est rien venu de ce qu'il espérait, il dit : *je passe* ; et si tous les autres disaient la même chose, *la vade* resterait pour le coup suivant.

Mais si quelqu'un a beau jeu, et qu'ayant fait le *renvi*, il y mette quelques jetons de plus qu'il n'y en a au jeu, il lui est permis de tenir ou de passer ; s'il passe, il les a tous, et tire de chacun des joueurs ce qu'il avait de points, prime, séquence, tricon, flux ou fredon, qui valent chacun ce que nous allons expliquer.

Si quelqu'un des joueurs tient le *renvi*, on peut renvier, et après que les *renvis* sont faits et le jeu donné, chacun de ceux qui en sont met son jeu à découvert pour voir celui qui a gagné, et les autres lui paient ses séquences, tricon et le reste, ainsi que l'on est convenu.

On doit tâcher à ce jeu de faire un grand point ou la prime, séquence, flux ou fredon.

Passons à l'explication des termes ; on dira en même temps leur valeur.

EXPLICATION DES TERMES DU JEU DE L'AMBIGU ET LEUR VALEUR.

Le point est le moindre jeu , et le plus haut emporte le plus bas , et chaque joueur donne une marque , outre la poule , *la vade* et les *renvis* , à celui qui gagne le point.

Une carte ne fait pas point ; un cinq et un quatre de même couleur l'emportent sur un dix : trois cartes inférieures en points l'emportent sur deux cartes dont les points seraient plus hauts.

La prime est quatre cartes de différentes couleurs ; elle gagne par préférence au point , et vaut deux jetons de chaque joueur à celui qui l'a , lorsqu'il gagne outre la poule , *la vade* et les *renvis ;* elle vaut trois jetons de chaque joueur si les points qui la composent sont au-dessus de trente ; on l'appelle la *grande prime.*

La séquence est une tierce de cartes , comme cinq , six et sept ; elle emporte le point et les primes , et celui qui gagne , en l'ayant , tire de chaque joueur trois jetons , outre la poule , *la vade* et les *renvis ;* la séquence la plus haute emporte la plus basse.

Le tricon est trois dix , trois rois , etc. ; il emporte le point, les primes et la séquence, et vaut à celui qui l'a , lorsqu'il gagne , quatre jetons de chaque joueur, outre la poule, *la vade* et les *renvis*; le plus haut emporte le plus bas. Le flux est quatre cartes d'une même couleur, comme quatre piques ou quatre cœurs ; il gagne préférablement au tricon, à la séquence, à la prime et au point, et vaut à celui qui gagne cinq jetons de chaque joueur, outre la poule, *la vade* et les *renvis*.

Les cinq jeux dont on vient de parler sont les jeux simples de l'ambigu ; nous allons parler des doubles.

Le tricon, avec prime, c'est lorsque trois as ou trois autres cartes de même espèce sont jointes à une quatrième d'une couleur différente ; il emporte de cette sorte tous les autres jeux simples, et vaut à celui qui gagne, avec ce jeu, ce que chacun de ces jeux lui produirait séparément.

Le flux, avec la séquence, emporte le tricon, avec prime, et tous les jeux simples, et est payé de la même manière, en prenant séparément ce qui devrait être payé pour chacun de ces jeux en particulier.

Lorsqu'on a quatre cartes de séquence, on emporte celle de trois, quand celle de trois serait plus forte en points.

Le fredon est quatre dix, quatre as, quatre neuf ou autres ; c'est le plus fort de tous les jeux, il les emporte tous, et vaut huit points pour le fredon et deux ou trois pour la prime, selon qu'elle est grande ou petite

Le fredon le plus fort emporte le plus faible ; celui d'as est le moindre de tous.

Lorsque le point, la prime, la séquence et le flux se trouvent égaux, celui qui a la main gagne par préférence aux autres.

RÈGLES.

1. Quand deux ou trois jeux sont égaux, le premier en cartes l'emporte, si ce n'est au point, où deux cartes de séquence, comme quatre, cinq et six l'emporteraient sur deux et sept, ou sur sept et quatre à point égal et nombre de cartes égal.

2. Celui qui a fait le second *renvi* ne peut renvier sur les autres quand ils ont passé et qu'ils s'y sont engagés ; le premier peut alors être de ce renvi comme les autres et renvier même au-dessus, s'il a assez beau jeu pour cela.

3. On peut régler les *renvis* afin de ne pas s'exposer à une trop grande perte.

4. Quelque grand *renvi* qu'on fasse, chacun ne peut perdre ni gagner que ce qu'il a de jetons devant lui ou ceux qui lui sont dûs par les autres joueurs, et on ne peut l'obliger de tenir davantage.

5. On ne fait point de crédit à ce jeu ; l'on peut même, si un joueur qui a perdu sa prise veut jouer encore, reprendre de nouvelles marques qu'il paye de suite.

6. On peut demander ce qu'on a gagné jusqu'à ce qu'on ait coupé pour le jeu suivant ; après cela on ne le peut plus.

7. On ne peut ni tirer d'argent ni emprunter après avoir vu la troisième carte, c'est pourquoi, si l'on a un jeu d'espérance sur les deux premières, on peut le faire quand quelqu'un fait mêler, et caver ce qu'on veut, en disant : *j'en suis de tant de jetons.*

8. Quoiqu'on n'ait rien de reste devant soi, ou que tout soit engagé au *renvi*, on ne laisse pas de payer la valeur du jeu à celui qui le gagne, c'est-à-dire ce que valent les points, primes, séquences, reflux, etc., encore qu'on ne fût pas des *vades* et des *renvis*.

9. Toutes les fois qu'on passe, il faut donner les cartes sans mêler, et l'on ne mêle et ne coupe que lorsqu'on fait la première et la seconde *vade*.

10. Quand il n'y a point assez de cartes pour en donner à chacun, et qu'il lui en faut, après avoir distribué toutes celles qu'on a, on prend celles qui ont été écartées, qu'on mêle et fait couper, pour achever de rendre complet le nombre des cartes de chaque joueur.

11. Si quelqu'un des joueurs prévoit que les cartes ne suffisent pas pour les autres et qu'on sera obligé de prendre les écarts, il lui est loisible de mettre le sien séparément, afin de ne le point enlever avec les autres, de peur que les mêmes cartes ne lui reviennent, et qu'é-

tant bonnes, elles ne fissent beau jeu aux autres.

12. Celui qui accuse son jeu à faux, comme séquence, prime, etc., et ne les a pas, ne perd rien pour cela, car, pour que son jeu soit bon, il doit étaler sur la table, et les autres, pour cela, ne doivent pas brouiller leurs cartes; s'ils les avaient jetées ou mêlées avec leurs écarts, celui qui aurait accusé faux gagnerait de même.

13. Qui a plus ou moins de cartes, soit à la première donne, soit après l'écart, perd le coup et l'argent, supposé qu'il ait été de *la vade* et des *renvis*; c'est pour cela qu'il est important de prendre garde à son jeu et de n'en point demander plus qu'il n'en faut; car ce n'est pas celui qui donne les cartes qui en porte la peine, à moins qu'il n'en prenne trop lui-même.

14. Si celui qui donne les cartes oublie de les mêler et de les faire couper, ainsi que de se servir des écarts, comme il a été dit, il met au jeu quatre jetons et perd son coup, sans que cela soit préjudiciable aux autres, qui ne laisseront pas d'achever leurs *renvis* et le coup, dont ils seront payés selon la valeur de leurs cartes.

15. Il n'est permis à aucun joueur de montrer son jeu ni ses écarts, sous peine de perdre le coup et de payer quatre jetons au jeu.

16. Ce que ce jeu a de plus beau, ce sont les

renvis qu'on y fait et la curiosité qu'on a de voir les cartes que l'on tire.

17. Il convient de borner ce qu'on veut perdre, car ce jeu pourrait aller trop loin.

DU VINGT-UN.

1. Ce jeu est très varié, et est le plus en usage dans les sociétés, en ce que les joueurs peuvent être très nombreux.

2. On prend un jeu entier; on peut en prendre un second quand il y a beaucoup de joueurs.

3. Dans ce cas, les deux jeux se mêlent ensemble.

4. On tire à la plus belle carte pour savoir à qui appartiendra la donne.

5. Au roi appartient la primauté, quoique l'as compte davantage.

6. Celui qui a obtenu le droit de jouer le premier, est nommé banquier.

7. Il donne à chaque joueur deux cartes, ayant soin de commencer par la droite.

8. Il peut donner, à volonté, une ou deux cartes à la fois.

9. Il doit donner de la même manière à tous les joueurs.

10. Avant de commencer, chaque joueur met au jeu, et place ostensiblement devant lui

autant de fiches qu'il le veut, à moins qu'il n'y ait des conventions contraires.

11. On donne à chaque joueur cent vingt fiches.

12. Le banquier doit avoir soin de bien faire mettre les enjeux, afin qu'il n'y ait aucune contestation.

13. Le roi, la dame et le valet comptent dix, et l'as compte un ou onze.

14. Les autres cartes comptent pour leur valeur nominale.

15. Lorsque la donne est faite, le banquier regarde ses cartes, et s'il a vingt-un d'*emblée*, il l'annonce de suite, et chaque joueur lui donne deux fois son enjeu.

16. Le joueur qui a vingt-un d'*emblée*, lorsque le banquier ne dit rien, l'annonce de suite, et reçoit de celui-ci deux fois son enjeu.

17. On dit avoir vingt-un d'*emblée*, lorsque deux cartes reçues sont un as et un roi, ou un as et une dame, etc., etc.

18. Quand il n'y a pas de vingt-un, le joueur qui est à droite parle le premier, et dit : je m'y tiens, ou carte.

19. On doit s'y tenir lorsqu'on a dix-sept points ; on ne peut s'y tenir avec moins, ce serait s'exposer généralement.

20. Lorsqu'on a un as et un six, ce qui fait dix-sept, on peut demander carte, attendu que l'as a le double avantage de compter pour un

ou pour onze, et qu'il peut arriver qu'on prenne deux, trois ou quatre points.

21. Lorsque le premier demande : carte, le banquier lui en donne une ou plusieurs, enfin, autant qu'il en désire.

22. Aucun jour ne peut enlever les cartes qu'on lui donne ; elle doivent rester à découvert sur la table.

23. Le second parle de même, et ainsi de suite pour les autres joueurs.

24. Lorsqu'il n'y a plus que le banquier à prendre des cartes, il découvre son jeu et dit : *je m'y tiens*, ou *carte*, suivant son jeu.

25. S'il s'y tient, chaque joueur regarde ses cartes, et celui qui a moins de points que le banquier, lui donne ce qu'il a mis au jeu.

26. Les joueurs qui ont égalité de points avec le banquier ne donnent rien, ils payent en cartes ; il en est de même pour le vingt-un d'emblée.

27. Les joueurs qui ont plus de points que le banquier, reçoivent de celui-ci autant de fiches qu'ils en ont mis au jeu.

28. Lorsqu'un joueur, en recevant des cartes, a plus de vingt-un points, il dit : je crève, et il jette ses cartes à l'endroit désigné pour les écarts.

29. Lorsque les payements sont réglés, chaque joueur jette ses cartes comme ci-dessus.

30. Le banquier donne de nouveau et con-

tinue ainsi jusqu'à ce que le jeu ou les jeux soient entièrement épuisés.

31. Lorsqu'il reste au banquier assez de cartes pour en donner deux à chaque joueur, et qu'il n'y en a plus pour rendre, la donne est bonne ; on reprend dans les écarts, en ayant soin de les bien mêler et de les faire couper.

32. Il est expressément défendu de se consulter ou de regarder le jeu de son voisin.

33. Le banquier a le droit de faire crever de suite celui qui se rend coupable de cette faute, et de prendre son enjeu.

34. Il est également défendu de se passer des cartes.

35. Ceux qui commettent cette faute crèvent de suite, et le banquier prend leur enjeu.

36. Tout joueur ne doit parler qu'à son tour, mais il n'y a aucune peine pour cela.

37. Toute carte vue est mise à l'écart.

38. Tout joueur qui, voulant des cartes, aurait laissé passer son tour, ne peut plus y revenir, et il doit s'y tenir, comme s'il avait eu beau jeu.

39. Tout joueur qui, par mégarde ou autrement, aurait demandé carte, quoique cependant il n'en eût aucunement besoin, est obligé de la conserver.

40. Un joueur qui montre une de ses cartes n'est pas puni de cette faute, mais la carte est bonne, et il la conserve.

41. Lorsqu'en donnant des cartes, il s'en

trouve de retournées, celui ou ceux à qui elles appartiennent sont libres de les prendre ou de les refuser.

42. Si la carte est connue par la faute de celui à qui elle appartient, il ne peut la faire brûler.

43. Quand l'ordre de la donne est interverti, il faut donner de nouveau.

44. Le banquier n'obéit pas au geste, mais à la parole; il doit donner carte aussitôt qu'on la demande.

45. Personne ne peut regarder les cartes écartées.

46. L'enjeu caché ne vaut rien à moins qu'on ne fasse son tout.

47. Une fois l'enjeu placé, on ne peut plus y toucher.

48. Celui qui jette ou mêle ses cartes perd son enjeu.

49. Celui qui mêle le jeu d'un autre joueur, paye à celui-ci ce qu'il a mis au jeu.

50. Lorsqu'un joueur reçoit trois cartes au lieu de deux, il écarte celle qu'il lui plaît; le banquier seul doit être puni de sa faute.

DE LA BÊTE OMBRÉE.

1. La bête se joue entre quatre personnes, avec un jeu de trente-deux cartes, comme au piquet.

2. La boîte, pour le jeu de la bête, contient quatre paniers carrés longs, et un panier rond.

3. Chaque panier est composé : 1° de trois jetons qui velent chacun vingt fiches ; 2° de cinq contrats qui valent chacun dix fiches ; 3° et enfin de dix fiches, en sorte que la boîte équivaut à quatre cent quatre-vingts fiches.

4. Le panier rond sert à contenir les payements dont on parlera ci-après.

5. On tire pour les places, c'est-à-dire que l'on prend dans le jeu quatre cartes de différentes valeurs ; celui qui a la carte la plus élevée se place où bon lui semble, et les autres joueurs se placent à sa droite, en suivant l'ordre de leurs cartes.

6. On tire ensuite la main et la belle, ce qui se fait en donnant une carte à chaque joueur, jusqu'à ce que l'on ait donné un roi.

7. Celui qui a le roi, mêle le premier.

8. Le roi tiré se nomme la belle, c'est-à-dire que dans le cours de la partie, soit qu'un joueur demande de cette couleur, soit qu'on en retourne, tous les payements se font doubles de part et d'autre.

9. Celui qui mêle, met au panier dix fiches.

10. Il commence à donner par la droite, après avoir eu soin toutefois de faire couper à gauche.

11. Il donne les cartes par deux et par trois, ou par trois et par deux, il en donne cinq à chaque joueur.

12. Les cartes qui restent se nomment *talon*, elles doivent toujours être à la droite de celui qui mêle.

13. La main est bien tirée, même avec un jeu de cartes faux.

14. Quand on s'aperçoit qu'un jeu de cartes est faux, le coup est nul ; tous les précédents sont bons.

15. S'il y a une carte de retournée dans le jeu, on refait.

16. Si un joueur met au panier et donne à la place d'un autre, on recommence le coup, s'il n'y a pas eu de carte jouée, car alors le coup est bon.

16. Il arrive quelquefois que celui qui donne retourne une ou plusieurs cartes ; si c'est de son jeu, le coup est bon, parce que cette connaissance de son jeu, acquise par les adversaires,

ne peut être préjudiciable qu'à lui seul, et alors il subit la peine de sa faute.

18. Si c'est du jeu d'un des trois autres joueurs, il faut refaire.

19. Celui qui, en tirant la main, ne fait pas voir la carte qu'il a tirée, est censé avoir tiré un sept.

20. Si en tirant la main, une carte tombe à découvert sur le tapis, elle compte.

21. La main est bien tirée quand même il y aurait des cartes retournées dans le jeu.

22. Lorsque la coupe n'est pas nettement faite, et qu'il y a des cartes vues, on refait.

23. La coupe doit être faite par les côtés, et non par les bouts du jeu.

24. Celui qui, au lieu de couper, remêle les cartes qui l'ont déjà été par un autre joueur donne à celui-ci la liberté de refaire.

25. Lorsqu'un joueur donne deux fois de suite, la galerie peut en faire l'observation ; et le coup entamé ou à sa fin est nul à moins que les cartes ne soient rassemblées.

26. Celui qui a maldonné perd sa donne ; elle passe au joueur de droite, qui met dix fiches au panier.

27. Lorsqu'un des joueurs renonce ou sous-force, et que la galerie seule s'en aperçoit, elle a le droit de le dire jusqu'à la fin du coup ; dans ce cas, celui qui a renoncé fait la bête de ce qui est au panier.

28. Il donne de plus à chaque joueur deux iches de consolation.

29. Les personnes qui composent la galerie, ne peuvent conseiller les joueurs de quelque manière et sous quelque prétexte que ce soit.

30. Si un spectateur indiscret conseille un joueur, et que celui-ci, en profitant, empêche celui qui a demandé de gagner la partie, il doit être condamné à payer pour le perdant.

31. Quand les cartes sont données, le joueur, à la droite de celui qui a mêlé, parle le premier : et s'il a beau jeu, il dit : *je vais* ; s'il a mauvais jeu, il dit : *je passe.*

32. Si le premier joueur passe, c'est au second à parler, et ainsi de suite.

33. Quand le premier joueur dit : *je vais* , le second peut dire : je vais *sans reprendre* ; le premier peut revenir, il a la préférence.

34. Quand le premier joueur dit : *je vais,* le second peut dire : je vais *par préférence,* c'est-à-dire *en belle* ; le premier peut y revenir seulement en disant : *je vais sans reprendre.*

35. Si celui qui demande en belle, dit aussi : *je vais sans reprendre* ; le premier ne peut y revenir qu'en faisant *quatre levées,* et ainsi de suite, *la belle* ayant toujours la préférence.

36. Lorsque deux joueurs demandent *en belle,* c'est à celui qui demande le plus qu'appartient la préférence.

37. Un joueur qui a dit seulement : *je vais,* quoique son intention fût de dire *je vais sans*

reprendre, ne peut y revenir, si on ne le force.

38. Beaucoup de joueurs admettent les trois levées, après le *sans reprendre*.

39. Un joueur qui demanderait : *sans reprendre* ou *trois levées*, etc., quoiqu'il n'eût l'intention que de demander moins, ne peut y revenir, il doit jouer pour ce qu'il a demandé.

40. Cette règle est essentielle afin qu'on ne puisse forcer un adversaire à demander plus qu'il ne le désire, car alors chaque fois on pourrait se rétracter en disant qu'on s'est trompé, et on pourrait ainsi connaître le jeu de celui qui demande.

41. Celui qui fait la *vole* l'emporte sur celui qui fait quatre levées.

42. Quand le joueur qui a demandé fait deux levées, et les trois autres joueurs chacun une, il gagne par deux.

43. Dans ce cas, il reçoit *deux fiches* pour le *va* simple, et quatre pour le *sans reprendre* si on ne l'a pas forcé à trois levées.

44. Quand un joueur fait trois levées, il gagne, quand même un autre joueur ferait les deux autres.

45. Il reçoit de même deux fiches pour le *va* simple et quatre pour le *sans reprendre*.

46. Dans l'un et l'autre cas, il prend ce qui est au panier.

47. Si c'est *en belle*, il en reçoit quatre pour le *va* simple et huit pour le *sans reprendre*.

48. Quand un joueur fait deux levées, et

que celui qui a demandé en fait autant, celui-ci fait la bête; il met au panier ce qu'il contient, et donne à chaque joueur deux fiches pour le *va simple*, et quatre pour le *sans reprendre*.

49. Si c'est *en belle*, il en donne quatre pour le *va simple*, et huit pour le *sans reprendre*.

50. Il est d'usage de fixer jusqu'où la bête sera forcée; c'est ordinairement à vingt-deux.

51. On peut la fixer plus haut, cela dépend entièrement des joueurs.

52. On appelle *bête forcée*, lorsque ce qui est au panier n'a pas atteint le nombre vingt-deux.

53. Dans ce cas, lorsque tous les joueurs ont passé, celui qui a parlé le premier est obligé de revirer, c'est-à-dire de retourner la première carte du talon.

54. Il a la faculté de pouvoir revenir à son jeu et de demander.

55. Quand on a un roi seul, ou un roi et une basse carte, il vaut beaucoup mieux demander de cette couleur que de s'exposer à n'avoir rien et à être capot.

56. On évite encore, par ce moyen, de retourner une carte de la *belle*, qui, comme il a été dit plus haut, se paye double.

57. Celui qui est capot, donne deux fiches de plus pour le *va simple*, quatre pour la *belle*, quatre pour le *sans reprendre*, et huit pour la *belle*.

58. Quand on force à trois levées, si celui qui demande gagne, il reçoit six fiches de chaque joueur, et douze si c'est en belle ; s'il perd, il paye de même.

59. Il en reçoit trois de plus pour la *vole*, et six si c'est en belle.

60. Quand un joueur, soit par signe ou autrement, fait connaître son jeu à un autre joueur, il perd la partie, paye ce qui est au panier, et donne deux fiches à chaque joueur.

61. Celui qui a demandé peut, dans ce cas, s'y tenir ou faire refaire.

62. Quand un joueur demande, où est forcé à quatre levées, s'il gagne, il reçoit huit fiches de chaque joueur et seize pour la belle.

63. S'il fait *la vole*, il reçoit huit fiches de plus ; il gagne toujours, bien entendu, ce qui est au panier.

64. Quand un joueur demande, ou est forcé à *la vole ;* s'il gagne, il reçoit onze fiches, et vingt-quatre si c'est en belle.

65. Quand la bête n'est plus forcée et que tous les joueurs *passent*, celui qui a parlé le premier mêle les cartes et les donne.

66. Il ne met plus au panier que deux fiches pour la donne.

67. Lorsqu'il a donné, si tous les joueurs *passent* encore, celui qui est à sa droite, donne de nouveau, et ainsi de suite.

68. Quand la bête n'est plus forcée, et qu'un joueur perd le jeu, il paye la bête.

69. Il faut avoir soin, avant de jouer, de se munir d'une carte et d'un crayon.

70. Chaque joueur a une colonne où l'on inscrit les bêtes faites par chacun d'eux.

71. Les bêtes se mettent au panier séparément.

72. Lorsqu'il y a plusieurs bêtes, on commence toujours par jouer la plus forte.

73. Celui qui mêle ne donne plus alors que deux fiches au panier.

74. On convient ordinairement du temps que l'on jouera.

75. Celui qui quitte la partie avant que le temps ne soit expiré, perd une mise.

76. Il paye également ce qu'il a perdu en jouant.

77. On ne peut quitter la partie lorsqu'il y a des bêtes à jouer, quand même le temps convenu serait écoulé.

78. Si par hasard un joueur était forcé à quitter la partie, on prierait alors une personne de la galerie de le remplacer.

79. Le plus beau coup de ce jeu, c'est le *matador*.

80. On appelle *matador*, lorsqu'on a le roi, la dame et le valet d'une même couleur.

81. Le *matador* de donne se paye seize fiches, celui *de belle* trente-deux.

82. Le matador de *reprise*, c'est-à-dire lorsqu'on a écarté et repris des cartes, se paye huit fiches, et *en belle* seize.

83. Il y a trois sortes de matador ; le matador simple, le matador quatrième et le matador cinquième.

84. On appelle *matador quatrième* lorsqu'on a le roi, la dame, le valet, l'as d'une même couleur.

85. On appelle *matador cinquième*, lorsqu'on a le roi, la dame, le valet, l'as et le dix d'une même couleur.

86. *La vole*, avec le matador simple *de donne*, se paye vingt-quatre fiches, avec le matador de reprise douze fiches.

87. *La vole*, avec le matador quatrième de donne, se paye trente fiches, avec le matador de reprise quinze fiches.

88. *La vole*, avec le matador cinquième de donne, se paye quarante fiches, avec le matador de reprise, vingt fiches.

89. *La vole*, avec le matador simple de donne, *en belle*, se paye quarante-huit fiches, avec le matador de reprise, vingt-quatre fiches.

90. *La vole*, avec le matador quatrième de donne, *en belle*, se paye soixante fiches, avec le matador de reprise, trente fiches.

91. *La vole*, avec le matador cinquième de donne, *en belle*, se paye quatre-vingts fiches, avec le matador de reprise, quarante fiches.

92. Quand tous les joueurs ont passé, un des joueurs, quelle que soit sa position, peut pemander à revirer

93. Le premier en cartes, pour ce coup,

comme pour tous les autres, a la préférence.

94. Quand un joueur prend des levées qui ne lui appartiennent pas, et les compte pour lui, la galerie a le droit d'en faire l'observation.

95. La galerie a en général le droit d'avertir de toute erreur qui, si elle était faite à dessein, serait une fraude.

96. Celui qui, sous quelque prétexte que ce soit, regarde les levées faites, donne deux fiches à chaque joueur, et met dix fiches au panier.

97. Si un joueur, par méprise ou par humeur, jette et mêle ses cartes avec le talon, il paye ce qui est au panier et paye quatre fiches à chaque joueur.

98. Quand un joueur écarte plus de cartes qu'il n'en demande, et par conséquent se trouve en avoir de moins, il paye ce qui est au panier, et donne quatre fiches à chaque joueur.

99. Quand un joueur écarte moins de cartes qu'il n'en demande, et par conséquent se trouve en avoir de plus, il paye ce qui est au panier, et donne quatre fiches à chaque joueur.

100. Le premier à droite de celui qui demande, en tire une au hasard, pour rendre son jeu égal à celui des autres.

101. Dans l'un et l'autre cas, le coup est bon et se joue.

102. Quand un joueur regarde ou retourne une des cartes du talon, il paye ce qui est au

panier et donne deux fiches à chacun des au-
tres joueurs.

103. Le coup est bon pour les autres joueurs,
il ne peut demander ni revirer.

104. Si le joueur qui a commis cette faute,
fait perdre celui qui a demandé, le coup est
bon.

105. On ne retourne à la bête que lors-
qu'elle est forcée, et il est vrai de dire qu'il n'y
a point de triomphe.

106. Quand on ne retourne pas, la triomphe
est faite par celui qui demande.

DE LA SPÉCULATION.

1. La spéculation se joue beaucoup en société, il peut y avoir un grand nombre de joueurs.

2. On joue avec un jeu de trente-deux cartes, comme au piquet.

3. On tire à la plus haute carte, pour savoir à qui donnera.

4. Quoique l'as soit le maître, le roi commande à donner.

5. On donne trois cartes à chaque joueur.

6. On les donne une à une, on ne peut les donner différemment.

7. Il est expressément défendu de regarder ses cartes.

8. Il faut les laisser sur le tapis.

9. Celui qui donne en prend quatre.

10. La quatrième se retourne et fait la triomphe.

11. Celui qui donne met deux fiches au panier.

12. Celui qui retourne ou regarde une de ses cartes, met une fiche au panier.

13. Le premier, à droite de celui qui a mêlé, commence à jouer.

14. Il retourne une de ses cartes, le second en fait autant, et ainsi de suite.

15. Lorsque tous les joueurs ont joué chacun une carte, on fait de même pour la deuxième et pour la troisième carte.

16. Celui qui a la plus forte carte de triomphe, gagne le panier.

17. Chaque joueur met une fiche au panier.

18. Chaque joueur reçoit ordinairement en commençant, dix fiches qui valent cinquante centimes.

19. Celui qui touche au talon, paye deux fiches au panier.

20. Chaque joueur qui a dans son jeu un valet, paye une fiche au panier.

21. Avant de commencer, il faut avoir soin de se munir d'un panier pour les payements.

22. On nomme ce jeu spéculation, parce que l'habitude est de vendre la carte qui doit retourner et faire la triomphe.

23. La main appartient au joueur qui est à droite de celui qui a acheté la retourne.

24. On peut acheter la carte que l'on veut.

25. Quand deux joueurs offrent la même valeur d'une carte, et que celui à qui elle appartient la donne pour le prix offert, elle appartient à celui qui a la primauté.

26. L'as est le maître, et l'emporte sur le roi et les autres cartes.

27. Quand il y a des cartes de retournées dans celles à distribuer, on refait.

28. Celui qui, en tirant la plus belle carte, ne montre pas celle qu'il a tirée, est censé avoir pris un sept.

29. Quand on s'aperçoit que le jeu de cartes est faux, le coup est nul; tous les précédents sont bons.

30. Celui qui retourne une des cartes de son adversaire, paye deux fiches au panier.

31. Celui qui, par mégarde ou autrement, mêle ou jette ses cartes au talon, paye deux fiches au panier, et ne peut plus jouer du coup.

32. Celui qui par signe ou autrement fait connaître ses cartes, paye deux fiches au panier.

33. On peut également jouer la *spéculation* avec un jeu de cinquante-deux cartes.

34. Le joueur qui donne doit avoir soin de mettre le talon à sa droite.

35. La main est bien tirée, même avec un jeu faux.

36. La galerie a le droit d'avertir de toute erreur qui, si elle était faite à dessein, serait une fraude.

LA BATAILLE.

1. Ce jeu se joue entre deux personnes.

2. Il faut un jeu de trente-deux cartes.

3. Un des joueurs prend les cartes noires et l'autre les rouges.

4. On tire à qui commencera, c'est toujours la plus belle carte.

5. L'as est le maître, et l'emporte sur le roi.

6. Toutes les autres cartes comptent pour leur valeur nominative, c'est-à-dire que le roi l'emporte sur la dame, etc., etc.

7. Lorsque les cartes sont égales de points, on dit qu'il y a *bataille*.

8. Chacun tire une seconde carte, c'est la plus forte qui emporte la *bataille*.

9. Quelquefois il y a cinq ou six *batailles* consécutives ; c'est la plus forte carte qui l'emporte.

10. Celui qui quitte la partie la perd.

11. Il n'y a point de triomphe, par conséquent pas de renonce.

12. Ce jeu est absolument du domaine de l'enfance.

DU MARIAGE.

1. Ce jeu se joue entre deux personnes.
2. Il faut un jeu de trente-deux cartes.
3. Chaque joueur reçoit cinq cartes.
4. On tire à la plus belle carte pour savoir qui donnera le premier.
5. On donne à volonté par trois et par deux, ou par deux et par trois.
6. On ne peut changer la manière de donner dans le cours d'une partie.
7. L'as est le maître ; le dix vient ensuite.
8. Le roi est la troisième carte, la dame la quatrième, et toutes les autres ainsi de suite.
9. Le roi compte quatre points, la dame trois, le valet deux et l'as un.
10. Les as et les dix valent chacun dix points.
11. Celui qui a le plus de points gagne la partie.
12. Celui qui donne, retourne la onzième carte, elle sert de triomphe.
13. Celui qui a le sept de triomphe peut changer avec la retourne quelle qu'elle soit.
14. Le premier à jouer jette une carte ; si le second ne la lève pas, elle appartient au premier.
15. Le premier tire alors la première carte du talon, le deuxième la seconde, et on continue à jouer.
16. Il faut avoir soin de prendre une carte du

talon, jusqu'à ce qu'il soit entièrement épuisé.

17. Quand le second joueur fait la levée, c'est à lui qu'appartient la première carte.

18. Quand on s'aperçoit qu'il y a une ou plusieurs cartes de retournées, il faut refaire.

19. Quand un joueur prend une carte avant son tour, son adversaire en prend une au hasard dans son jeu.

20. Quand un joueur a moins de carte qu'il ne lui en faut, il prend la dernière du *talon*.

21. On peut renoncer et sous-forcer, il n'y a pour cela aucune peine.

22. Quand le talon est entièrement épuisé, on ne peut renoncer ni sous-forcer.

23. Celui qui renoncerait ou sous-forcerait, perdrait la partie.

24. On dit avoir *mariage*, lorsqu'on a le roi et la dame, on compte vingt points.

25. Celui qui a le mariage de triomphe, compte quarante points.

26. Le mariage est complet lorsqu'on a aussi le valet ; on compte alors trente points.

27. On compte soixante points si c'est en triomphe ; il faut, bien entendu, que les trois cartes soient de la même couleur.

28. On peut avoir plusieurs mariages dans le cours d'une partie.

29. Celui qui quitte la partie la perd.

30. Le plus petit atout enlève la plus **forte** carte d'une autre couleur.

DE LA COMÈTE.

Pour jouer ce jeu , il faut deux jeux entiers ;
on ôte les as, on met les rouges dans un jeu et
les noires dans un autre.

Chaque jeu est composé de quarante-huit car-
tes ; on en donne dix-huit à chaque joueur, trois
par trois ; il en reste douze au talon.

Si l'un des joueurs regarde le talon, il paye
un jeton.

On joue quelquefois ce jeu avec quarante, en
ôtant les deux et les trois ; chaque joueur ne
reçoit alors que quinze cartes, et il en reste dix
au talon.

On joue deux contre deux , ou trois, ou un
à un.

Les points et les paris sont les mêmes qu'au
piquet.

Le premier en carte peut faire refaire celui
qui a mal donné ; s'il a de l'avantage , il doit
juger le coup bon ; celui qui a une carte de plus
joue avec dix-neuf cartes ; quand on a joué deux
coups , qui sont l'allée et le retour , le dernier
coup décide si l'on est marqué.

On met dans le jeu noir le neuf de carreau ,

et dans le jeu rouge le neuf de trèfle pour servir de comète.

Chaque joueur range ses cartes, en commençant par le neuf jusqu'au roi, peu importe la couleur des cartes, pourvu qu'elles se suivent par le nombre.

Lorsque le jeu est arrangé, le premier joue ; il jette la carte qu'il lui plaît.

Il faut commencer par la carte qui a le plus de suite. Je suppose qu'un joueur ait des cartes qui se suivent, comme deux, trois, quatre, et ensuite comme six, sept, huit, neuf, dix, valet, dame et roi, il devrait commencer par six, parce qu'alors il se déferait d'un plus grand nombre de cartes ; et c'est un avantage, car celui qui a le plus tôt fini marque tous les points qui restent dans la main de son adversaire.

On a deux dix, deux valets, trois dames et un roi ; on commence par dix, en disant : dix, valet, dame et roi, ensuite dame sans roi, on gagne par ce moyen l'avantage de finir et de faire regorger *la comète*, ou de finir en mettant la comète pour neuf, ce qui arrive lorsqu'on la met à la suite d'un huit ou après un hoc.

Il est encore un moyen presque sûr de se procurer des hoc, quand on a trois dames et un roi ; on commence par le roi, en disant : roi, dame sans roi ; une dame fait passer deux rois, et comme il reste des cartes au talon, on doit penser qu'il s'en trouve une de chaque espèce, de sorte que l'adversaire n'a plus qu'un roi pour mettre à la suite de l'une des deux du joueur.

Il faut toujours commencer par les plus basses cartes ; ce sont les plus difficiles à faire passer ; il vaut mieux n'en placer que deux basses très petites que d'en placer trois, comme dix, valet et dame ; celles-ci sont toujours demandées, et rarement elles restent dans la main.

Quand on a quatre cartes semblables, on peut les mettre ensemble ; mais on ne doit le faire que lorsque ce sont des basses depuis deux jusqu'à cinq inclusivement, parce que l'adversaire n'en ayant point, il doit indubitablement rentrer, et par cela même toutes celles qui restent sont des hoc. Il y a avantage à se défaire de quatre cartes à la fois, surtout quand elles sont petites ; mais cependant on ne doit le faire que quand on en a d'autres au-dessous.

Comme l'avantage de ce jeu est de finir en mettant la comète pour neuf, parce qu'on la fait payer quadruple, et qu'elle fait quadrupler les points, il faut tâcher de se rappeler quelles cartes manquent à l'adversaire.

Je suppose que l'adversaire n'ait point de cinq et qu'il n'ait plus que trois cartes, et le joueur un deux et la comète, il doit dire deux sans trois, parce que si l'adversaire n'avait point de trois, le joueur finirait par la comète, pour neuf ; et en supposant qu'il eût un trois et même un quatre, il dirait : trois et quatre sans cinq, on l'interromprait et on finirait seulement par la comète, qui pour lors ne serait point mise pour neuf, mais néanmoins se payerait double et ferait doubler les points de la carte de l'adversaire.

On peut aussi chercher à finir par la comète pour neuf, quand on suppose que l'adversaire a un huit et qu'il n'a point de neuf ; on garde la comète jusqu'à ce qu'on puisse la placer.

Quand le premier a jeté toutes les cartes qui avaient une suite, et s'arrête à une carte qu'il n'a pas, le second jette, s'il l'a, la carte demandée, et suit l'ordre jusqu'au roi qui est la plus haute carte du jeu, après quoi il peut recommencer par telle carte que bon lui semble.

Il faut encore observer que si ses cartes ne vont que jusqu'au roi, par exemple, et qu'il n'ait pas de valet, il jette ses cartes en disant : six, sept, huit, neuf, dix sans valet ; mais si l'autre joueur n'a pas non plus de valet, il n'est pas obligé de jouer une dame, mais telle carte que bon lui semble.

Celui qui a les trois neuf avec ou sans la comète peut les jeter ensemble.

Celui qui a deux ou trois rois peut les jeter de suite, surtout quand il sait qu'il n'y a plus de dames.

Il faut bien observer que les cartes manquent à l'adversaire auquel on peut faire regorger la comète, quand on a la carte qui lui manque, et les autres de suite jusqu'au roi. Pour y parvenir sans qu'il soupçonne qu'on puisse finir, il faut garder cinq ou six cartes de suite, par ce qu'après avoir joué le roi, on recommence, je suppose, par deux, trois, quatre, cinq, six et sept.

Il faut s'attacher principalement à retenir les cartes qui ont passé, surtout celles qui man quent à la personne contre laquelle on joue, parce que si l'on n'a pas non plus de cartes, on est toujours le maître du jeu, en jetant de suite les cartes inférieures qui vont de suite jusqu'à ses cartes.

La comète fait hoc partout, c'est-à-dire que celui qui l'a peut, en jetant ses cartes, l'employer pour telle carte qu'il veut, un roi, dame, etc., selon la volonté du joueur.

Observez, surtout, qu'après avoir employé la comète pour une dame ou une carte infé—rieure, on n'est pas obligé de jeter la carte qui suit immédiatement, mais celle qui offre le plus d'avantage.

Si le joueur qui n'a pas la comète est obligé de s'arrêter à une carte, par exemple, s'il jette un valet et qu'il n'ait pas de dame, celui qui a la comète peut la jeter pour une dame si c'est son avantage, et ensuite reprendre le jeu par la carte que bon lui semble.

Si celui qui n'a pas la comète se défait de toutes ses cartes dans leur ordre naturel, en remontant jusqu'au roi, on ne peut l'interrom-pre avec la comète.

Si le joueur qui a la comète n'a pas d'autre

neuf, il n'est pas obligé, après avoir joué un huit, de la jeter pour neuf, il peut dire huit sans neuf, quoiqu'il ait la comète dans son jeu.

On tâche ordinairement d'arranger son jeu de manière à finir par la comète, parce qu'alors elle se paye double, et les points qui restent dans la main de l'autre joueur se payent aussi double; si on peut finir par la comète employée pour neuf, elle se paye quadruple et les points de même ; mais il faut prendre garde de ne pas la conserver trop longtemps, car il peut arriver qu'ayant voulu la conserver pour la dernière carte, l'autre joueur trouve le moyen de passer toutes ses cartes ; dans ce cas, la comète étant restée dans la main de celui qui l'avait, elle se paye double et les points de même.

La comète simple se paye deux jetons à celui qui l'a dans son jeu, et elle double, triple, quadruple et au-dessus autant de fois qu'elle est sans venir, ce qui arrive lorsqu'elle reste au talon.

Dans le cas où la comète serait trois fois sans venir, étant quadruple, si on finissait par la comète, ce coup vaudrait seize jetons, et trente-deux si on finissait par la comète pour neuf.

Il en est de même lorsqu'on fait opéra en finissant par la comète ; elle doit se payer, s'il y a trois remises, trente-deux jetons, et quand on fait opéra en finissant par la comète pour neuf, soixante-quatre jetons ; c'est le plus fort coup du jeu.

Il faut observer que lorsque l'on joue trois à tourner, et que la comète est remise entre deux des joueurs, elle dort jusqu'au coup où les deux joueurs se trouvent ensemble ; alors elle se paye suivant le nombre de fois qu'elle est restée dans le talon entre ces deux mêmes joueurs.

Les figures comptent pour dix points, et les autres cartes pour autant de points qu'elles sont marquées.

Quand on finit par la comète, elle se paye double et fait aussi doubler les points qui restent dans la main de l'autre joueur ; quand on finit par la comète pour neuf, elle se paye quadruple de même que les points.

Quand on reste avec la comète, on la paye double, de même que les points qui restent.

Quand le premier en cartes fait passer toutes les cartes sans interruption, il fait *opéra*.

Quand on fait *opéra*, les points se comptent double.

Quand on fait *opéra*, en finissant par la comète, elle se paye quadruple, et les points se comptent de même.

Quand on fait *opéra*, en finissant par la comète pour neuf, elle se paye seize, et augmente suivant les remises, et les points se comptent huit fois, c'est-à-dire que celui qui est *opéra*, a cent points dans la main, et celui qui a fait *opéra*, marque huit cents points.

Quand on est *opéra* et qu'on reste avec la comète, elle se paye double et les points se comptent quatre fois.

Les cartes blanches valent cinquante points, et empêchent de compter l'opéra double.

Si la comète est dans le jeu de celui qui a cartes blanches, elles valent cent points.

Celui qui donne les cartes peut faire *opéra*.

Il fait *opéra* lorsque le premier en cartes, ayant joué, ne peut continuer, et interrompt son jeu; il fait *opéra*, s'il peut se défaire de toutes ses cartes sans interruption, en fournissant toutefois la carte demandée par l'autre joueur.

EXEMPLE D'UN OPÉRA FINISSANT PAR LA COMÈTE POUR NEUF.

Quatre deux, trois, quatre, cinq, six, sept ; quatre huit et la comète, dix, valet, dame, roi.

Il commencera à jouer par le dix, valet, dame, roi ; quatre deux, trois, quatre, cinq, six, sept, huit et la comète. — De cette manière elle se trouve employée pour neuf; l'opéra finissant de cette manière, est le plus grand coup que l'on puisse faire à ce jeu.

On peut jouer ce jeu à trois, quatre, cinq, ou six personnes; on donne, quand on joue à trois, douze cartes à chaque joueur, et il en reste douze au talon ; les deux joueurs à qui il reste des cartes dans la main, payent de suite

les points qu'ils ont à celui qui s'est défait de
toutes ses cartes ; et celui des deux qui a le plus
de points, met deux jetons à la queue, laquelle
appartient à la fin de la partie à celui qui gagne
le plus.

Quand les deux joueurs à qui il restera des
cartes dans la main, auront le même nombre de
points, ils mettront chacun un jeton.

Le premier en cartes joue une ou plusieurs
cartes de son jeu, qui vont de suite, et lors-
qu'il est obligé de s'arrêter à une carte qu'il n'a
pas, le joueur qui est à sa droite, jette la carte
s'il l'a ; s'il ne l'a pas, le troisième joueur qui
l'a dans son jeu, la jette et continue ; s'il ne l'a
pas, le premier recommence par la carte qu'il
lui plaît.

On peut aussi jouer à quatre en ne donnant
que dix cartes, il en reste huit au talon.

A cinq, en donnant neuf cartes, il en reste
trois au talon.

A six, en donnant sept cartes, il en reste six
au talon ; on suit les règles ci-dessus.

On peut aussi écarter en observant les règles
du piquet.

L'HOMBRE.

Ce jeu, qui nous a été transmis par les Es-
pagnols, plaît aux personnes tranquilles et ap-
pliquées. Il se joue peu aujourd'hui.

Si on le joue à deux, on prend chacun huit
cartes, et on ôte une couleur rouge, cœur ou
carreau. Dans une partie à trois, on prend un
jeu entier, dont on supprime les dix, les neuf
et les huit.

L'ordre selon lequel les cartes sont supé-
rieures l'une à l'autre varie suivant les couleurs :
en couleur noire, en trèfle et en pique, le roi
est supérieur à la dame; la dame l'emporte sur
le valet, le valet sur le sept, le sept sur le six, etc.,
jusqu'à la fin des petites cartes, l'as excepté ;
car les deux as noirs sont toujours triomphes.

En couleur rouge, c'est-à-dire en cœur et en
carreau, le roi est supérieur à la dame, la dame
passe le valet, celui-ci l'as, l'as le deux, et ainsi
de suite en montant jusqu'au sept : ainsi l'as
rouge comptant, il y a en couleur rouge une
carte de plus qu'en couleur noire ; par la même
raison, les atouts en rouge sont au nombre de
douze, et de onze en couleur noire.

Triomphes noires. — La première est l'as de pique, nommée *spadille;* la seconde, le deux de pique ou de trèfle, qu'on nomme *manille;* la troisième, l'as de trèfle, appelée *baste;* la quatrième, le roi; la cinquième, la dame; la sixième, le valet; la septième, le sept; la huitième, le six; la neuvième, le cinq; la dixième, le quatre, et la onzième, le trois.

Triomphes rouges. — Cette couleur spadille est toujours la première triomphe; le sept, qu'on appelle *manille*, est la seconde; baste, la troisième; l'as de cœur ou de carreau, qu'on nomme *ponte*, la quatrième; le roi est la cinquième; la dame, la sixième; le valet, la septième; le deux, la huitième; le trois, la neuvième; le quatre, la dixième; le cinq, la onzième; et le six, la douzième.

Lorsque le sort a indiqué la place des joueurs, et qu'ils ont mis chacun au jeu trois jetons pour former la poule, le donneur distribue successivement en trois parties égales neuf cartes à chacun. On ne doit donner que par trois fois trois. La parole appartient ensuite au premier en carte; qui doit dire s'il *passe* ou s'il *joue.* S'il passe et que les autres en fassent autant, chacun remet deux jetons à la poule, et l'on donne de nouveau. Cela se continue à chaque passe. S'il joue, les autres joueurs peuvent y mettre obstacle en le renviant. On renvie celui qui joue simplement, en déclarant qu'on joue *sans pren-*

dre, et l'on renvie celui qui joue sans prendre, en déclarant qu'on entreprend la vole.

Observez que si vous renviez par une proposition de *sans prendre* celui qui a joué simplement, il peut lui-même jouer sans prendre, et il a la préférence.

Lorsque personne ne renvie celui qui a joué simplement, et qui se nomme *l'hombre*, il nomme la couleur dont il veut faire la triomphe. Il fait en même temps un écart composé d'autant de cartes qu'il juge à propos, en échange desquelles il en prend une égale quantité au talon, en sorte que son jeu se trouve composé de neuf cartes. Ensuite le talon passe successivement aux joueurs qui sont après *l'hombre*, et chacun écarte comme lui. Le nombre des cartes écartées ne doit pas s'étendre au delà de la quantité de celles qui restent au talon.

Quand tout le monde a écarté, et qu'il reste des cartes au talon, le dernier en cartes peut les regarder, mais alors il doit les montrer aux autres joueurs.

Les jeux étant formés, le premier en cartes jette la carte qu'il lui plaît; les autres joueurs sont tenus de fournir de la couleur jouée, sous peine de faire la bête; mais ils ne sont pas contraints de forcer, et peuvent à leur gré mettre la plus haute ou la plus basse carte de cette couleur; faute de couleur jouée, on n'est pas obligé de couper, bien qu'on ait de l'atout, et l'on se défait de la carte que l'on juge à propos.

Quand on joue atout, celui qui n'a qu'un ou plusieurs des trois premiers matadors (ou premières triomphes) n'est point tenu de jouer aussi atout. Cependant, quand le premier à jouer jette atout de spadille, et qu'un des joueurs suivants n'a pour atout qu'un matador inférieur à celui-ci, comme manille, baste, le roi, il doit le jouer. Et encore si l'on a fait atout de manille, le possesseur de baste est obligé de le mettre.

Mais il en serait autrement si le premier en cartes, faisant atout avec un autre atout triomphe qu'un matador, le second mettait spadille sur cette triomphe. Dans ce cas, le matador inférieur qui serait seul dans la main du troisième joueur ne serait point tenu d'obéir, et ce joueur pourrait se défendre de la carte qu'il voudrait.

Le joueur qui fait la levée joue le premier ensuite pour la levée suivante. C'est du nombre des levées que dépend le gain de la poule : pour la gagner, l'hombre en doit faire cinq, ou quatre au moins, et il ne faut pas qu'aucun des autres joueurs en fasse autant. Quand l'hombre ne gagne pas la poule, il fait une bête, qui égale la somme qu'il aurait tirée s'il eût gagnée.

Du gano. — Comme il importe de faire perdre l'*hombre*, l'un des joueurs qui défendent la poule venant à demander *gano* à son partenaire, celui-ci doit accepter, à moins que cela ne nuise à ses intérêts. Cette demande de gano consiste à inviter le joueur associé pour défendre la poule, à laisser passer la carte que l'autre associé a jouée. Ainsi **A** et **B** sont associés pour défendre la poule contre **C**, qui est l'*hombre*. Le premier joue la dame de carreau, et demande *gano*. B, qui a en main le roi de carreau, avec le quatre de la même couleur, et qui veut accepter, jette son quatre; mais s'il avait le roi seul, malgré son désir, il serait contraint de le jouer, sous peine de faire la bête.

Lorsqu'un des défendeurs de la poule frappe sur la table en jouant la carte, c'est un avis à son associé de couper d'une forte triomphe pour obliger l'hombre d'en mettre une plus forte encore.

Du codille. — Quand un joueur autre que l'hombre gagne en faisant plus de levées que tout autre, il fait *codille*; ainsi *gagner codille*, c'est gagner sans avoir fait jouer.

Un coup est censé joué lorsqu'un des trois joueurs n'a plus de cartes, ou que l'*hombre*, ayant fait cinq levées, vient à baisser son jeu.

On fait la bête quand on renonce. Lorsque l'*hombre* perd le jeu et qu'il renonce en outre, il fait deux bêtes, qu'il peut faire aller ensemble ou séparément. Quand il y a plusieurs bêtes, on doit jouer la plus forte après qu'on a tiré celle qui est au jeu.

Lorsqu'un des défendeurs de la poule fait cinq levées, il gagne *codille*; il en est de même quand il fait seul quatre levées, et il tire ce que l'*hombre* aurait fait s'il n'avait pas fait la bête.

L'*hombre* ne peut, sous peine de faire la

bête, demander *gano*, dans la vue d'empêcher le codille. En toute circonstance, *gano* lui est interdit. Le joueur qui aspire au codille ne doit plus jamais demander gano, ni à la troisième, ni à la quatrième levée.

Si, par mégarde, l'*hombre* nommait une couleur pour une autre, il ne pourrait se rétracter : il lui faudrait jouer la couleur nommée ; il pourrait seulement changer son écart si la rentrée n'était pas encore jointe è son jeu.

Quand l'*hombre* gagne, non-seulement il tire la poule et les bêtes qui vont sur le coup, mais chaque joueur est encore obligé de lui payer trois jetons de consolation ; puis, s'il a les matadors, on lui donne un jeton pour chacun.

Des matadors. — Quoique rigoureusement il n'y ait que trois matadors, qui sont spadille, manille et baste, on étend néanmoins cette dénomination aux cartes qui les suivent immédiatement quand elles les accompagnent. Ainsi, lorsque l'hombre se trouve avoir en couleur noire, avec les trois matadors, le roi, la dame, le valet, etc., ces dernières cartes sont également nommées matadors, et il est dû un jeton pour chacune d'elles, comme pour les matadors primitifs.

Du jeu sans-prendre. — Tout ce que j'ai dit du jeu simple, qui admet l'écart, doit aussi s'appliquer au jeu de sans-prendre. Il y a seulement cette différence que, quand l'*hombre* vient à gagner sans prendre, chaque joueur est obligé de lui payer quatre jetons, indépendamment de la poule, des bêtes et de la consolation, qui lui sont acquises. Par la même raison, quand l'*hombre* perd en jouant sans prendre, il doit en outre de la bête quatre jetons à chaque joueur.

De la vole. — La vole s'entreprend, ou en renviant celui qui a joué sans prendre, ou quand on joue encore après avoir fait les cinq premières levées. Dans les deux cas, les adversaires de l'*hombre* peuvent se communiquer leur jeu, et agir de concert pour empêcher la vole.

Si l'*hombre* réussit à faire la vole, il reçoit deux fiches de chaque joueur, et tire toutes les bêtes, tant celles qui vont sur le coup, que celles qui étaient destinées pour le coup suivant. S'il n'y a point d'autres bêtes que celles qui sont sur le coup, on doit lui payer double de ce qui est au jeu. Ainsi, en supposant qu'il y ait trois passes, qui font vingt-sept jetons, et une bête de neuf jetons, le tout revenant à trente-six, chacun des joueurs paye dix-huit jetons à l'*hombre* qui fait la vole.

Puis d'ailleurs on doit payer à l'*hombre* le sans-prendre, s'il a joué sans écarter les matadors, et la consolation, comme à l'ordinaire.

Quand l'*hombre* regarde les cartes qu'il a écartées après avoir vu celles qu'il a prises au talon, il ne peut plus faire la vole.

Si l'*hombre* qui a entrepris la vole la manque, il paye deux fiches à chaque joueur, et ceux-ci partagent entre eux les passes et les bêtes : puis il fait une bête égale à la somme des bêtes et des passes qu'il aurait tirées s'il eût gagné; au reste, s'il a fait cinq levées, il sera payé du *sans prendre;* et des matadors, s'il les a.

L'*hombre* ne peut ni demander la remise ni s'en aller quand sa rentrée n'est pas favorable. Les matadors ne se payent que quand ils sont dans la main de l'*hombre.*

Des hasards de l'hombre. — 1° Le bon air. Ce hasard consiste dans la réunion d'un sans-prendre avec quatre matadors. Le joueur qui gagne en ayant ce hasard tire une fiche de ses compagnons; mais il la leur paye s'il vient à perdre.

2° Le charivari. — Il consiste dans la réunion des quatre dames.

3° La discorde. — C'est la réunion des quatre rois.

4° Le fanatique. — C'est celle des quatre valets.

5° La chicorée. — Quand l'*hombre* joue avec trois ou quatre faux matadors, il a le hasard de la *chicorée.*

6° La guinguette. — Quand il joue sans avoir aucun as noir, ce hasard a lieu.

7° Le mirliro. — Les deux as, noirs sans matadors, ou l'as de trèfle avec les deux as rouges, forment ce hasard.

8° La partie carrée. — Elle consiste dans trois rois et une dame.

9° Les yeux de ma grand'mère. — Les deux

as rouges dans le jeu de l'*hombre* composent ce hasard si burlesquement nommé.

10° Le parfait contentement. — Il consiste à jouer sans reprendre avec cinq matadors. C'est un jeu sûr, pour lequel chaque joueur est obligé de payer une fiche à l'*hombre*.

11° La triomphante. — Ce hasard a lieu lorsqu'en commençant l'*hombre* joue atout de spadille. S'il gagne simplement, chaque joueur lui paye une fiche, et deux, s'il fait la vole; mais s'il perd, il doit une fiche à chacun.

Quant aux neuf premiers hasards, l'hombre reçoit aussi une fiche de chaque joueur, et la paye s'il vient à la perdre.

Afin qu'il n'y ait que peu de coups inutiles, on convient assez souvent de jouer *spadille forcé*. Alors, quand tout le monde a passé, et que spadille n'est pas au talon, le joueur qui l'a est contraint de jouer, quelque mauvais jeu qu'il puisse avoir d'ailleurs. Il nomme alors sa couleur et fait son écart comme à l'ordinaire.

On appelle *gano* renoncer à faire la levée en mettant une carte inférieure sur celle qui est jouée, quoiqu'on en ait une supérieure.

L'AS QUI COURT.

On prend un jeu de cartes entier; on donne une carte à chacun des joueurs; le premier qui est à côté de celui qui a donné, s'il n'est pas content de sa carte, la change avec son voisin, le voisin avec le suivant; ainsi de suite, jusqu'à celui qui a donné; après quoi on retourne les cartes, et la plus basse paye un jeton : l'as est la plus basse.

Si j'ai un as, que je le donne à mon voisin, et qu'il m'en rende un, alors je paye, parce que c'est la première des plus basses cartes qui paye. Quelquefois on change un deux pour un as, un trois pour un deux. Alors celui qui a donné une carte inférieure à celle qu'il a reçue, doit s'y tenir; s'il a donné un deux pour un trois, il risquerait, en changeant son trois avec son voisin, de trouver un as; au lieu qu'en disant : « Je m'y tiens, » et en ne changeant point, il est sûr de ne pas payer.

On ne peut pas obliger ceux qui ont des rois de changer; ceux qui en ont peuvent même, s'ils le veulent, les découvrir tout de suite.

L'as revient souvent à celui qui a donné les cartes, à moins qu'il ne soit arrêté dans sa course par un roi; alors celui-ci peut, quand il n'est pas content de sa carte, en tirer une autre du jeu.

LA BELLE.

On fixe le nombre des coups de la partie. On prend un enjeu de vingt-cinq jetons, et on en met dans trois corbillons : un pour la belle, deux pour le flux, trois pour le trente-et-un, et toujours dans cette proportion.

Le donnant désigné par le sort donne deux cartes à chaque joueur du côté blanc, puis une carte retournée. La plus haute des cartes retournées gagne le corbillon de la belle. L'as, qui vaut onze, pour le trente-et-un et le flux, est pour la belle au-dessous des figures. On regarde ensuite si on a le flux, trois cartes de même couleur. Si personne ne gagne le flux, on le réserve pour le coup suivant, en augmentant la mise.

On examine ensuite le trente-et-un. Ceux qui sont trop loin de ce nombre demandent carte ; on ne peut donner une seconde carte à un joueur qu'après que tous ont passé. Le donnant n'en peut prendre qu'une seule et après tous les autres. Si on est trop près de trente-et-un, on s'y tient. Celui qui a trente-et-un gagne. En cas de concurrence, c'est celui qui l'obtient le premier qui gagne. Si plusieurs déclarent à la fois leur trente-et-un, on remet à la partie suivante. Quand personne n'a trente-et-un, c'est le partenaire le plus proche qui gagne. On donne aux jetons la valeur qu'on veut

DE LA BRUSCAMBILLE.

Ce jeu se joue de trois à cinq personnes en supprimant deux sept au hasard : en nombre pair, avec un piquet entier ; à quatre, on s'associe deux contre deux.

On convient du prix de la partie, de l'enjeu et du nombre des coups. Les dix et les as s'appellent bruscambille. Chacun reçoit trois cartes : la dernière, que le donneur garde, est l'atout ou triomphe. A mesure qu'on joue une carte, on en prend une autre au talon, jusqu'à la fin des cartes. L'as d'atout acquiert deux jetons au joueur qui le place ; les autres as, deux jetons, pourvu qu'on fasse la levée. Si les as sont coupés par des atouts, leurs placeurs payent deux jetons à chaque joueur. Les dix se payent suivant les mêmes règles, mais seulement un jeton.

BRELAN

C'est une espèce de reversis. Chacun a trois cartes. Le brelan était autrefois divisé en brelan carré et brelan bouillotte. Ce dernier s'est confondu avec la bouillotte.

L'ordre des places, la parole et les relances sont les mêmes qu'à la bouillotte.

Le brelan tricon ou carré est le plus fort. Il est composé de trois cartes de la couleur de la retourne.

Les brelans d'as, de rois, viennent ensuite. On appelle brelan trois cartes semblables. On joue ce jeu à trois, quatre ou cinq personnes.

Dans le brelan favori, on convient de payer double.

Les remplaçants des joueurs décavés s'appellent rentrants.

L'argent qu'on met au jeu, chaque fois, s'appelle la passe. Mettre au jeu seulement ce qu'on est forcé d'y mettre, c'est filer.

La carte fausse est celle dont on n'a pas l'as. La cave est le fonds que chaque joueur a devant soi.

Quand il y a deux brelans, les deux porteurs reçoivent. Jouer le tapis, c'est jouer la passe, quand on n'a rien devant soi; voler la passe, c'est avoir mauvais jeu et proposer beaucoup dans l'espoir de n'être pas accepté.

FIN.

TABLE DES MATIÈRES.

Paris. — Typographie de Gaittet et Cie, rue Git-le-Cœur, 7.

9 782329 809687